わたしの魏志倭人伝

中学生が挑む邪馬台国の謎

田原明紀
Tahara Akinori

海鳥社

はじめに

学生時代は大の歴史嫌いでした。それが不惑《ふわく》にして古代史の世界に迷い込み、知命《ちめい》にして邪馬台国に熱を上げるのですから、人生とは分からないものです。高校のときの日本史の先生にはとても信じてもらえないことでしょう。

楽しみながら十年、耳順《じじゅん》には自分なりの邪馬台国論をまとめることができました。ところがです。家人に読んでもらっても反応がいまひとつなのです。聞くと、半分ぐらいしか理解できないとか。素人が書いたものだから誰でも分かると考えたのは大きな間違いでした。

それで、中学生が対話しながら、魏志倭人伝を読み解いていくスタイルにしました。あたかも推理小説のようで、論文形式のものより読みやすくなったと思います。

邪馬台国に興味はあるが、魏志倭人伝を読むのはちょっとと思っている方に手に取ってもらいたい一冊です。

平成二十八年八月二十五日

田原明紀

わたしの魏志倭人伝　中学生が挑む邪馬台国の謎◉目次

はじめに　3

序章　お昼休みに邪馬台国へ……10
御笠中学校にて　10
魏志倭人伝研究会結成　21

第一章　試行錯誤の邪馬台国……24
海路を読む——帯方郡から末盧国まで　24
陸路を読む——末盧国から不弥国まで　34
邪馬台国は太宰府に　50

第二章　連合国はジグソーパズル……63
女王連合国を求めてⅠ——斯馬国から好古都国まで　63
女王連合国を求めてⅡ——不呼国から奴国まで　75

第三章　あざなえる三つの大国……86
狗奴国は熊本に　86
謎の王国　吉野ヶ里　95
高良山に登って　101
第四章　卑弥呼は殺されたのか……104
卑弥呼の政　104
卑弥呼の死　109
終章　明日は倭か……117
参考文献一覧　119

【登場人物】

東雲日夏《しののめひな》　阿比留翔《あびるしょう》　菊池智彦《きくちともひこ》

太宰府市御笠中学校の二年生

わたしの魏志倭人伝　中学生が挑む邪馬台国の謎

序章　お昼休みに邪馬台国へ

御笠中学校にて

平成二十八年四月十八日

翔　日夏《ひな》っ、何むつかしい顔して頬杖《ほおづえ》ついてんだよ、昼休みは図書館に行くんじゃなかったの。ひょっとして給食を人の分まで食って動けなくなったのか。

日夏　もう、うるさいわね。乙女が悩んでるときに掛ける言葉じゃないでしょ。といっても恋の悩みではないよ。実はさっきの授業に出てきた魏志倭人伝《ぎしわじんでん》のことなの。邪馬台国はどこにあったのかなって。

翔　あははっ、そんなこと考えたってわかるわけないだろ。歴史の専門家が何人かかっても結論が出ないものをどうやって見つけようっていうんだよ。何万人、いやアマチュアまで含めると何十万もの人が血まなこで探し求めてきたのに、その正体を表さないものを。

日夏 それは魏志倭人伝の読み方がまちがっているからよ。倭人伝を正しく読めばきっとわかるわよ。だって倭人伝は歴史書なんですもの。クイズの本だったら答えをわざと隠して当たりまえでも、歴史書である倭人伝は当時の人なら誰にでもわかるように書かれたにちがいないもの。

翔 そりゃ、当時の中国の人になりきることができればわかるかもしれないけど、日夏には無理だろ。

日夏 最初からあきらめたらダメよ。邪馬台国があった場所ならもう見当つけてるの。いまはそれが正しいかどうかをどうやって確かめようかと悩んでるところよ。何よ、その眼は。完全にバカにしてるわね。

翔 ゴメン、ゴメン、あんまりびっくりしたもんだから、眼が点になっちゃった。オレはちっとも疑っちゃいないよ、ホントだよ。ところで、その見当つけた場所はどこなの。

日夏　ココよ、ココ。

翔　ココって、御笠《みかさ》中学校のことか。

日夏　まあそうだけど、わたしがいってるのは太宰府のことよ。

翔　ええっ、ずっと住んでいるのに、そんなふうに考えられるなんてちっとも思ってなかったよ。さすが、「ヒラメキの日夏」だな。

日夏　ヒラメキだなんていわないでよ。単なる思い付きではなくて論理的思考の結果を答えにしたのよ。その過程を無視するから、ヒラメキだと思ってしまうの。どっちかというと、ヒラメくのは翔の方でしょ、それもつまらないことばかりにね。

翔　まあ、まあ、まあ。それで、倭人伝をどう解釈したら太宰府に行きついたの。

日夏　今日習ったことをおさらいするわね。まず、帯方郡《たいほうぐん》から狗邪韓国《くやかんこく》までが水行七千余里、次の対馬《つしま》国までが渡海千余里、一支《いき》国まで渡海千余里、末盧《まつら》国も渡海千余里、伊都《いと》国へは陸行東南五百里、奴《な》国へ東南百里、不弥《ふみ》国へ東百里、投馬《とうま》国へ南水行二十日、邪馬台国へは南水行十日陸行一月となっていたわね。この道程を直線式に連続して読むものと、伊都国から放射式に読む二通りの読み方が図示されていて、邪馬台国の場所については主に近畿説と九州説があるとなっていたわ。邪馬台国論争

■伊都国まで

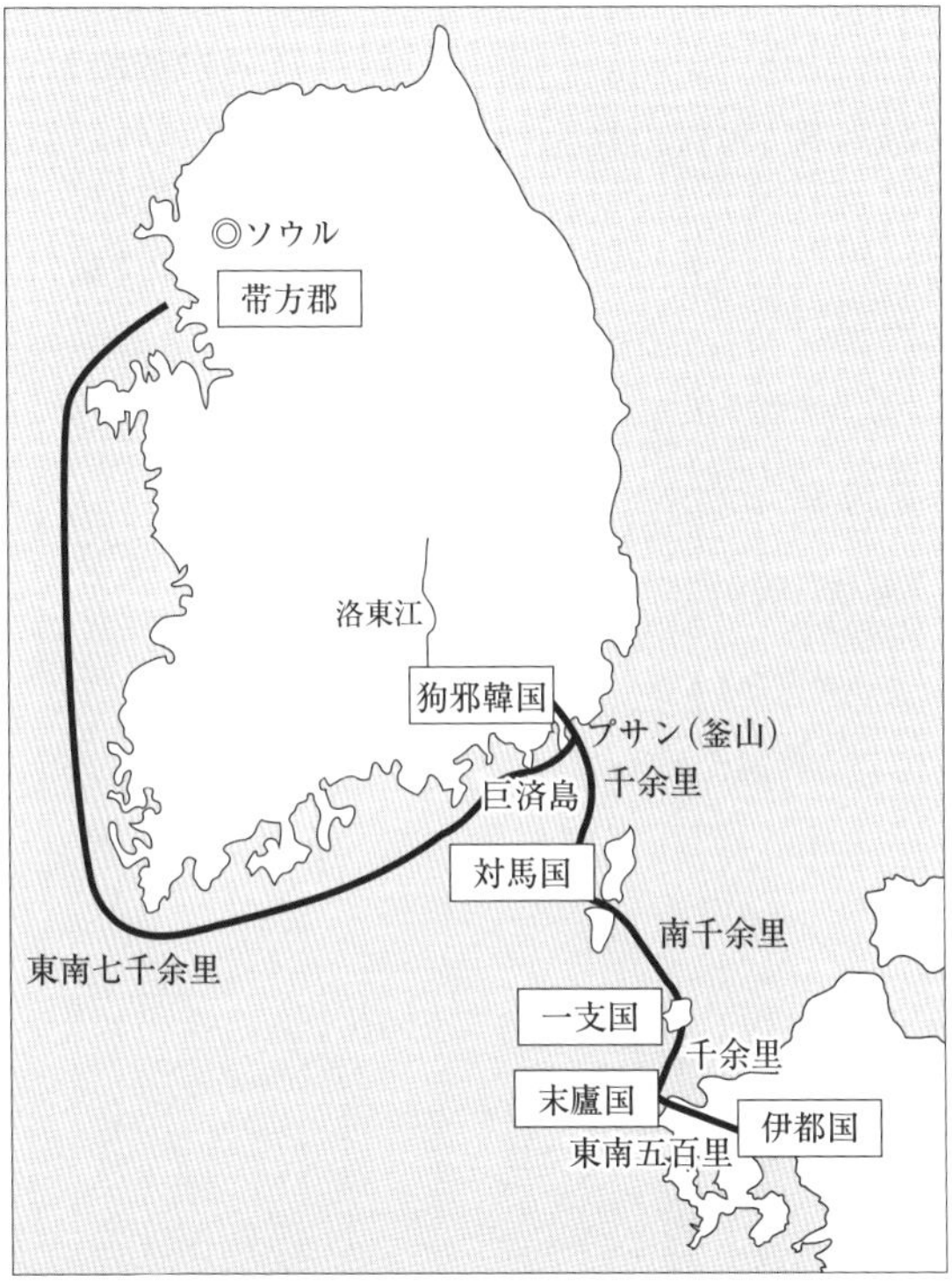

といわれるものね。近畿説なら倭人伝の方角がまちがっていることになって、九州説ならば距離がまちがっていることになるのね。あと、伊都国は糸島市で、奴国は春日市、不弥国は宇美町が有力だけど、異説もあるとのことだったわ。投馬国は鹿児島、宮崎、山口、広島、島根、兵庫とたくさんの候補地があって、狗奴国も熊本、和歌山から遠く群馬まで候補に挙がっていたわ。翔は地理が得意だし、旅行が趣味なんだから、自分が倭人伝の道をたどるとしたらどうする。何か気がついたことはない？

■直線式の読み方

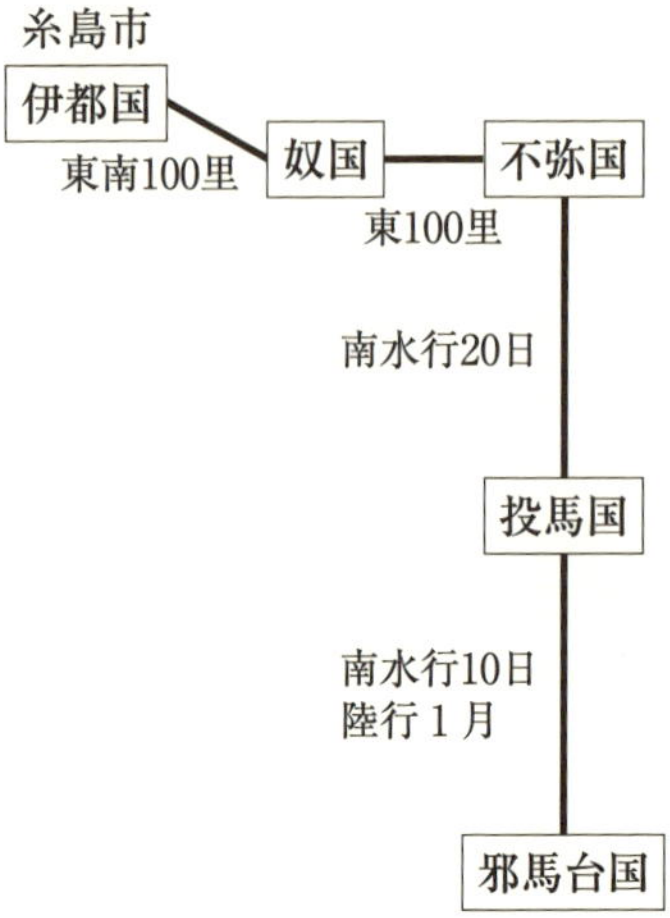

■放射式の読み方

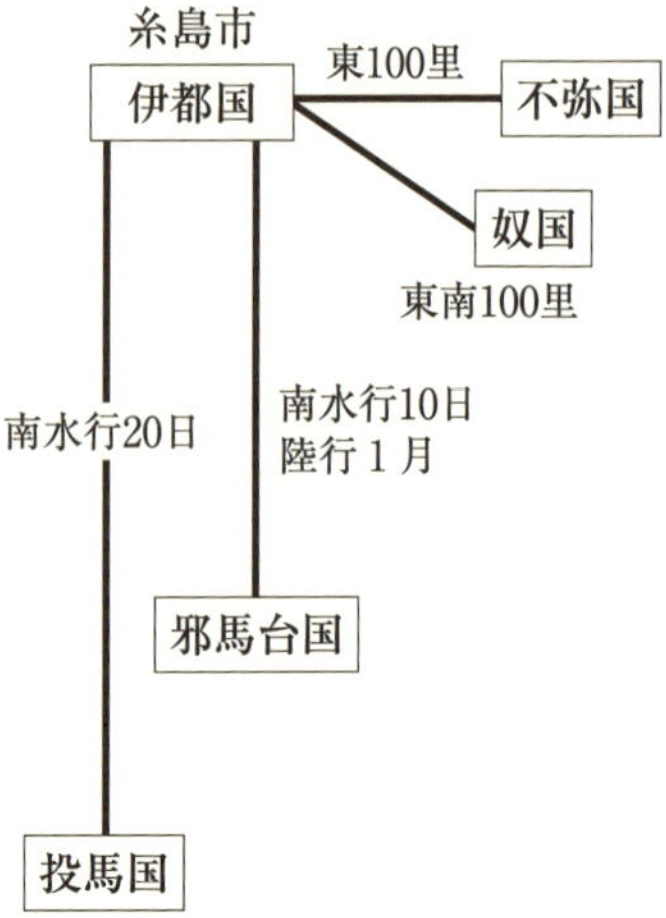

翔　そうだなあ、趣味の旅行ならこれもありかと思うけど、目的地をめざす旅だとすれば、手順が悪すぎるよ。邪馬台国へはできるだけ水行を多くするね。一番最後が陸行となるのはしかたないとしても、途中をてくてく歩くようなことはまずしないね。

日夏　でしょ、わたしもそこに目をつけたの。だから投馬国への水行二十日と邪馬台国への水行十日陸行一月というのは邪馬台国への道程とは関係ないのではないかと考えてみたの。ほかの国々へはすべて距離が書かれているのに、この二国だけは距離がなくて日数だけでしょ。水行二十日は帯方郡から投馬国に

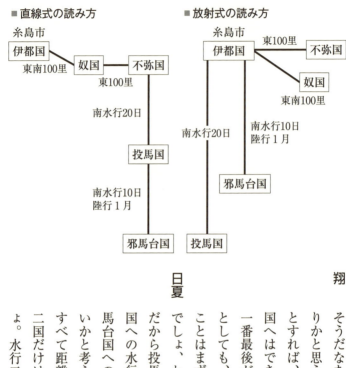

行くのにかかる日数で、同じように水行十日陸行一月は帯方郡から邪馬台国への日数なのよ。二国とも不弥国からみれば南にあるのだけれど、投馬国へは陸行することなしに末盧国からそのまま十日間水行を続けたら着くのよ。帯方郡から末盧国までを十日として、合わせて二十日ね。邪馬台国へは末盧国までが水行十日で、末盧国から陸行で一月のところよ。不弥国からは南とあるだけで、距離表示がないのは不弥国の「すぐ南」にあるからじゃないかしら。仮に不弥国が有力視されている宇美町だとすれば、その「すぐ南」は太宰府よ。

■邪馬台国太宰府説

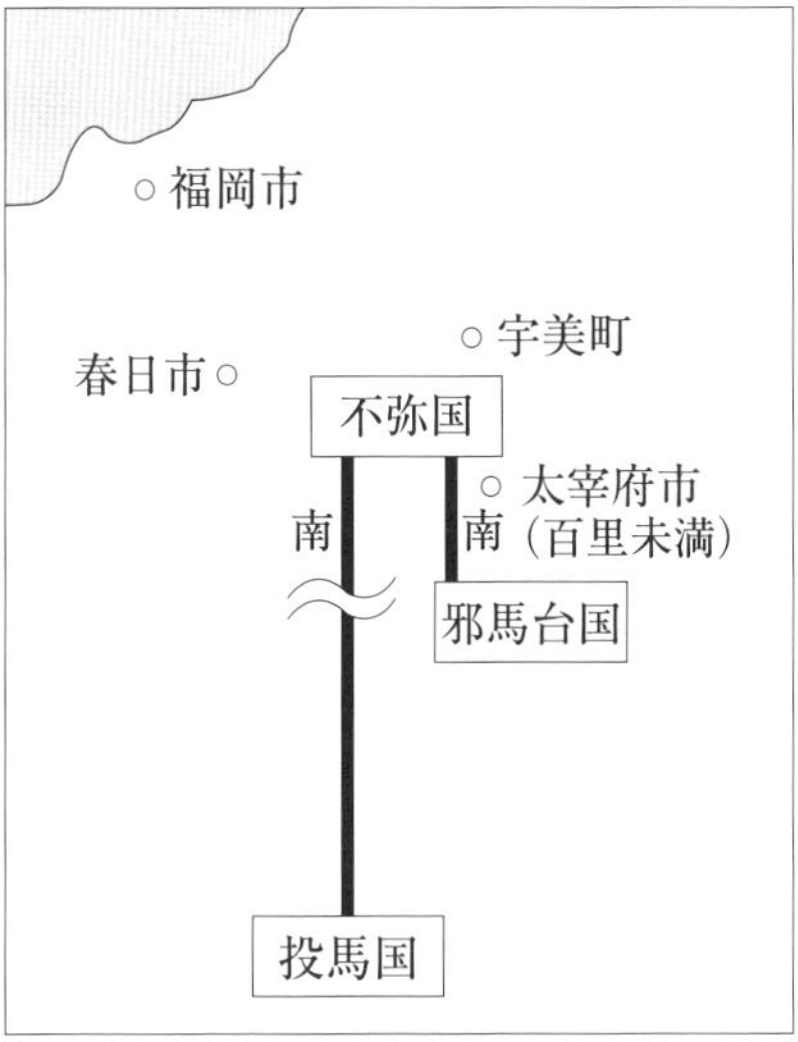

翔　ひえー、昼休み時間だけでそこまで行きついたの。やっぱりヒラメキのじゃない、ヒラメの刺身は旨いなあ。

日夏　どうしてここでヒラメが出てくるのよ。

翔　いやー、対馬国が出てきたので、このまえ対馬のじいちゃん家《ち》で食べたヒラメをつい思い出しちゃったんだよ。ところで、日夏の邪馬台国太宰府説にはいくつか問題点があるよな。すでに同じ説を唱えている人はいないか、唐津付近から太宰府までゆっくり歩いたとしてなぜ一月もかかったのか、邪馬台国に至る直前に投馬国が書かれたのはなぜか、不弥国を宇美町とみるのは正しいのか、といったところかな。

日夏 そのとおりよ、やっぱり翔はよく気がつくわね。今回はつまらないことじゃなくてよかったわ。わたし、問題点をすべて解決して、今年の歴史研究の成果として発表しようと思ってるの。共同研究者になってくれない。

翔 いいよ、答えは太宰府と出てるんだから、あとは適当に理由をこじつけちまえばできあがり。

日夏 そんなに簡単にはいかないわよ。投馬国や狗奴《くな》国、それに卑弥呼に従ったたくさんの国々がどこにあったのかも探すつもりなんだから。いまから始めても間に合うかどうかわからないわ。

智彦 その話、ボクも入れてよ。

日夏 あっ、菊池君。いやだ、いつからわたしたちの話を聞いてたのよ。でも歓迎するわ。

翔　菊池君は国語が得意のようだもの。このまえの漢字テストも満点だったでしょ。倭人伝は漢字ばかりで書かれているの。当たりまえのことだけどね。わたしと翔だけだったら一行も進まないかも。

日夏　ちょっと日夏、智彦は菊池君で、何でオレは呼び捨ての翔なんだよ。

翔　あらっ、翔だってわたしのこと日夏って呼んでるじゃないの。何いってるのよ。

日夏　そうでございました。

智彦　ところで菊池君は歴史に興味があるの。好きでもないことに巻き込んでは申し訳ないもの。

　　うん、転校してくる前は熊本県の菊池市に住んでいたんだ。近くにはたくさんの遺跡があってね。特に装飾古墳が好きで、小学生のときから古墳めぐりを趣味にしていたんだよ。それに古墳でなくても古代史は大好きだよ。さっき、邪馬台国って聞こえたときから聞き耳を立てていたんだ。

日夏　それなら、決まりね。これで今年こそ「御笠中学校歴史大賞」、いただきっ。

智彦　歴史大賞というのは、去年、須賀原真央《すがわらまお》というあの美……。

翔　ちょっと待った。智彦、こっちこっち。

あのな、須賀原さんの話をすると日夏のやつ、途端に不機嫌になるの。須賀原真央は禁句だよ。歴史大賞は毎年六月一日に募集要項が出て、九月一日が締め切り、十月一日が発表なんだ。太宰府が歴史ある町なので、うちの中学校では夏休みの自由研究の代わりに歴史研究を奨励して始まったものだよ。去年は日夏が「太宰府に眠る弥生遺跡」という題で応募して第三席だったよ。第一席の大賞が須賀原さんの「天神信仰・全国津々浦々への浸透」さ。伝統ある大賞の歴史の中で日夏の一年生での入選も、須賀原さんの二年生での大賞も初めてのことで、校内ではちょっと話題になったんだ。でもね、詳しくは知らないけど日夏が研究を進めるのに何か障害があって、不満が残る研究結果だったらしいんだ。それから須賀原さんの名を聞くとご機嫌斜め、へんなライバル意識でもあるのかなと思っていたところだよ。

日夏

あんたたち、隅で何をこそこそ話してんのよ。わたしが嫉妬でもしてると思ってるの。そうではなくて太宰府の史跡研究者に対して怒っているのよ。政庁があったことだけを後生《ごしょう》大事にして「十世紀はⅢ期です、その前のⅡ期は八世紀からで、Ⅰ期は七世紀後半からです、礎石《そせき》もⅠ期のものが最下層ですから太宰府の歴史は七世紀後半に始まったと考えられます。」ですって。それ以前は見向きもしないのよ。

太宰府市内に弥生遺跡が少ないのは遺跡がないからではなくて発見されてないだけよ。考えたらわかるじゃない、太宰府の周辺市町村は弥生遺跡だらけで、古墳だってすごい数よ。それなのに「太宰府だけは突然七世紀に始まりました」なんてことがあるわけないじゃない。

智彦　それで十分な研究ができなかったんだね。ボクが住んでいた菊池市の近くにある鞠智城《きくちじょう》も似たような扱いだよ。大宰府政庁とおなじく、七世紀後半に大和朝廷によって突然築かれたことになっているんだ。近くには弥生遺跡もたくさんあるし、装飾古墳も百基以上あるというのにね。

翔　遺跡そのものの価値よりも、大和朝廷に関わっていることの方が大事と思われているのかな。

日夏　とにかくそういうことで、わたしが三席なのはしようがないと自覚してるのよ。でも、二席の御沓《みくつ》いわいさんの「水城《みずき》は実際に機能したか」は大賞でおかしくなかったと思うの。大胆な発想と鋭い切り口、簡潔で無駄のない文章、ああ、思い出しただけでうっとりするわ。それに比べると津々浦々の天神信仰なんて「神様のすり替え」でしかないものを、何を大げさに。

翔　個人的な感情が出すぎていない？　御沓さんに憧《あこが》れるのは勝手だけどね。

日夏　じゃあ説明するわ。わたしたちのくらしに身近な天神様、つまり村のなかにある天満宮、天満神社などはほとんどとても小さな社《やしろ》よね。祠《ほこら》といった感じね。それなのに太宰府天満宮や北野天満宮、防府《ほうふ》天満宮などはとても大きいのよ。そのちがいは誰が何のために建てたかで生じたものなの。大きな社の天満宮は菅原道真のタタリを鎮《しず》めることを目的として、藤原一族が大々的に建てたものよ。村の天神様は道真公のタタリとは関係ない、つまり藤原一族とも関わりのないところで村人の力で建てたから小さなものが多いの。そしてそれは道真公の時代よりも、ずっと昔にさかのぼるものであることも明らかよ。あちこちの天神様を訪ねてみればわかるわ。天神様には古墳がつきものなの。たいてい社の近くに古墳があるわ。古墳の上に建っている社だって珍しくはないわ。天神様はその土地を最初に治めた支配者、つまり先祖神を祭ったものなのよ。ところが時が流れて、江戸時代あたりになると誰を祭っているのかわからなくなってしまったの。そこで同じ天神の名を持つ道真公にあやかって天満宮にしてしまったというわけよ。だから全国津々浦々に天神社が多いのは何も道真公への信仰に始まったことではないのよ。

智彦　すごくよくわかったよ。日夏さん、歴女だね。

日夏　うんん、わたしは幕末や戦国時代には興味がなくて古代史だけが好きなの。それも神社や神話ときているから、歴女というより神社ガールかな。神話があるので『古事記』や『日本書紀』もかじってみたわ。あっ、いけない。午後の授業が始まるわ。これからのことは今度の土曜日、わたしの家でってことでいいかしら。

魏志倭人伝研究会結成

四月二十三日

日夏　この前、翔が指摘したように、わたしの説と同じものをすでに発表した人がいれば何のことかわからないので少し調べてみたわ。世の中には同じような考えの人もいるかもしれないけれど、いまのところたぶんオリジナルよ。太宰府説は佐藤鉄章という人が『隠された邪馬台国』で唱えているわ。太宰府近辺説もあって、松田正一という人が『まぼろしではない邪馬台国』を出しているの。どちらも昭和の本で図書館にはなくて読んでいないの。でも、邪馬台国にいたる道程はわたしの説とはちがうみたい。同じなら不弥国からの放射説または投馬国挿入説として世に出ているはずよ。確認があまいといえばあまいけれどこのまま進めていいかしら。

翔 望むところだよ。

日夏 では全般的な打ち合わせをします。まずは、わたしたちは何がしたいのかよ。わたしたちなりに倭人伝を解釈することによって邪馬台国はもとより、投馬国や狗奴国など倭人の国々の場所を探し出すということでいいかしら。そして、結果をまとめて歴史大賞に応募するの。タイトルは倭人伝解釈の独自性をうたって「わたしの魏志倭人伝」でどう。

智彦 異議ありません。

日夏 倭人伝には風俗や国家間の渉外などについても書かれているの。これらのことについては省略しましょう。次に日程についてね。来週ゴールデンウィークはそれぞれ自分で予備知識を仕入れてくる期間とします。それと第一回研究会の資料集めもこの間に進めてね。研究会は毎週土曜日、第一回は五月十四日、七月までに十回くらいは開けるとして、七月いっぱいで答えが出せたらいいわね。八月は作文の期間とします。第一回は魏の使節が海を渡るところをみていきます。帯方郡から狗邪韓国、対馬国、一支国、末盧国までよ。翔は地図をたのむわね。菊池君はあの漢字ばかりの倭人伝の読み方を調べておいてね。

智彦　研究会の名前は「わたしの魏志倭人伝」を略して「わたぎしの会」としたらどうだろう。

翔　それいいねえ。初めて聞いた人が何のことだろうと思って、興味を惹くネーミングだね。

第一章　試行錯誤の邪馬台国

海路を読む――帯方郡から末盧国まで

五月十四日　わたぎしの会　第一回

翔　イテッ。

日夏　キャッ、両手いっぱい資料をかかえてるところで急にドアをあけるんだもの。ちょっと翔、そのまま動かないでね。コンタクトレンズが飛んじゃったの。菊池君、そこからそっと探しにきてちょうだい。

智彦　すぐに見つかってよかったね。フフフ、これを「目からウロコ」というんだな。

日夏　あらっ、菊池君でもまちがうことがあるのね。目からウロコは急に物事が見えるようになったときに使うのよ。わたしは見えなくなったのよ。

智彦　コンタクトレンズが作られたときから意味が逆転したんだよ。それに昔でも、ウロコを目に入れる人なんていなかったよ。

日夏　まあ、菊池君て、まじめな人だとばかり思っていたのに。これから呼ぶときは智彦でいいわね。

智彦　かまわないけどさあ、もう倭人伝をはじめようよ。ボクは準備完了だよ。

翔　オレもこのとおり地図を広げて待ってるよ。

智彦　末盧国までで、国々の場所を特定するのに関係ありそうな部分を読み下し文にしてきたよ。

倭人の国について

倭人《わじん》は帯方東南の大海中にあり、山島によりて国邑《こくゆう》をなす、旧百余国、漢の時朝見《ちようけん》する者あり、今使訳通じる所、三十国

帯方郡から狗邪韓国まで

郡より倭《わ》に至るには海岸に循《したが》いて水行し、韓国を歴《へ》つつ、はじめは南つぎに東してその北岸狗邪韓国に到る、七千余里

対馬国まで

はじめて一海を渡る、千余里、対海国に至る、（中略）絶島にして土地は山険しく、深林多し、道路は禽鹿《きんろく》の径《みち》の如《ごと》し

一支国まで

また南に一海を渡って千余里、（中略）一大国に至る

末盧国まで

また一海を渡り千余里、末盧国に至る、（中略）草木茂盛し前を行く人も見えず、誰しも水の深浅にかかわりなく海に潜《もぐ》って魚鰒《ぎょふく》を捕《と》るを好む

日夏　ひとつひとつ国を追っていく前に、五つの文を並べて見て何か気になることはない？

翔　倭人伝には対馬国、一支（壱岐）国と書かれていると思っていたんだ。それが、そうではないんだよな。

智彦　対馬や壱岐なんて国は全然出てこなかったよ。

日夏　やっぱり翔は見逃さなかったわね。わたしもここがとっても重要なところだと思うの。連休中にいろんな邪馬台国本を読んでみたところ、そのほとんどの本で対海国は誤字だとして対馬国に書き換えられていたわ。一大国はそのままに書かれているものが半分で、あとの半分は一支国になっていたのよ。倭人伝は陳寿《ちんじゅ》という人が著《あらわ》したんだけれど、倭人の国スタートの一番目と二番目の国の名を書きまちがえるなんてことがあると思う？　わたしは絶対ないと思うの、陳寿の記述を信じるわ。それにこの二つの国は邪馬台国の魏への朝貢《ちょうこう》の有無にかかわらず、朝鮮半島までなら

絶え間なく行き来していて国名もはっきり知られていたはずよ。何せ、交易に生活がかかっていたんだもの。この二つの国名を誤字だと考えるなら、このあとの記述も信用できないものに思えてくるのは当然よ。それで、倭人伝は方角がでたらめだの、距離を誤まっているだのと決めつけて、かってな書き換えが横行するようになってしまったのよ。わたしは「陳寿に誤字なし」として倭人伝をみていくわ。

翔　大賛成。

智彦　対海が対馬に変えられたんだね。これこそ「滄騒《そうそう》の変《へん》」だな。きのう海だったところが今日は丘になって馬が駆けまわるように、世の中の変化が激しいことだよ。

日夏　海が桑畑に変わる「滄桑《そうそう》の変《へん》」でしょ。智彦はことわざや故事になると凝りすぎて、まともなことがいえないのね。

智彦　バレちゃったか。話を戻して、これからは対馬、壱岐は島の意味で使い、対海、一大は国のこととします。

日夏　では智彦、進行兼説明役たのむわね。

智彦　第一文、倭人の国です。「帯方」とは帯方郡のことで、魏がソウル付近に置いた領地名です。「漢の時に朝見する者」とは志賀島で発見された「漢委奴国王」の金印を受け取った者と同じと考えられています。それが正しければ、その当時の倭人の国々を代表する国の王は博多湾岸にいたことになります。

日夏　質問や意見がなければ次に進めて。

智彦　次は狗邪韓国までです。「郡」というのも帯方郡のことで、ここでは郡の役所を指しています。「韓国を歴つつ」は韓国内をつぎつぎに経てということで、歴訪というときの歴に近い使い方かと思います。「その北岸」のとらえかたがつかめていません。狗邪韓国までが倭人の国だとすれば倭人国の一番北側の海岸の意味になります。半島部でなく巨済島《コジエ》などの島の北側と読めないこともないです。

日夏　倭人の国からみて北方の海岸、つまり対岸の意味にとれないこともないわね。島のことではないような気がするわ。わたしは狗邪韓国は釜山《プサン》の近くで、洛東江《ナクトン》河口付近にあったと思うの。それより西だと次の対馬が遠くなってしまうし、東でも対馬から離れるうえ遠回りになってしまうもの。水行七千余里は日数七日と覚えておいてね。水行のとき、一日の航海距離を千余里と考えると、このあとの話にも矛盾が生じないの。

智彦　ここから倭人の国、対海国です。「はじめて一海を渡る」というのは外洋航海が初めてという意味です。それまでは沿岸航海でした。

翔　前にもいったけど、オレのじいちゃん家が対馬なんで何度か行ったことがあるんだ。いまでは道路が舗装されて車を使えばどこにでも行けるよ。それでも険しい道ばかりなんだ。当時は倭人伝にあるように村と村とは、けもの道でつながっているばかりで、対馬全島を支配するような権力者がいて、ひとつの国にまとめあげていたとは思えないんだよな。対馬がひとつにまとまったのは平成十六年に合併して全島対馬市になったときだよ。

日夏　そのとおりよ。わたしも対馬には複数の国があったと考えたの。それで当時、国だったところには遺跡があるにちがいないと見込んで調べてきたわ。北からいくと、まず、上対馬町の西泊湾、津和浦《つわ》あたり。次に峰町の三根湾岸一帯ね、三つめが豊玉町の仁位浅茅《にいあそう》湾岸から大漁《おろしか》湾に及ぶ地域、四つめが美津島町の浅茅《あそう》湾、三浦湾岸よ。それぞれの地域に多くの遺跡があるの。国があった可能性は大よ。ほかにも上《かみ》県《あがた》町の佐護《さご》川沿岸や厳原《いずはら》町豆酘《つつ》にも国があったかもしれないわ。規模は前の四つの国より小さいとしてもね。この六つの候補地のなかから対海国を探し出せばいいのよ。

智彦　あっ。

日夏　ごめん、智彦の気付いたことはあとで。翔の地理的な意見を先に聞きたいわ。

翔　これはむつかしくないよ。オレが使節一行の長なら最初の西泊湾、津和浦あたりを迷わず選ぶね。第一に航海距離が短いよ。対馬の北東部なので狗邪韓国からも近く、壱岐に向かうにも最短距離を採ることができるもの。対馬の北西側だと狗邪韓国からは近くても壱岐へは遠回りになるし、南部だと狗邪韓国からの航海がきつくなってしまうよ。第二に冬の北西の風に直面しないことも大きな理由になるね。対馬に住む人々の航海ならば、どの港を使ってもかまやしないと思うよ。しかし、正式な国と国との行き来の場合は最も風に影響されない港を選ぶよ。

日夏　続けていいわよ、智彦。

智彦　ボクは字から気がついたんだ。対海というのは津和のことだって。倭人が国名を〔つわ〕といっているのを聞いた中国の人が対海の字をあてたんだよ。

日夏　二人ともすばらしいわ。異なった視点から同じ場所を選びだせるなんて。これは「陳寿に誤字なし」の証明みたいなものよ。わたしたちが邪馬台国探しを続けていく自信にもなるわ。わたしの遺跡調べでは津和浦のコフノサエ遺跡から弥生時代の銅矛《どうほこ》や古墳時代の石棺が出ているとのことだったわ。
翔 ところで、翔の苗字の阿比留《あびる》は対馬のおじいさんからきているの？
智彦 そうだよ。太宰府では珍しい名だけれど、対馬に阿比留姓はたくさんあるよ。
日夏 なんだか歴史がありそうな名だよね。さて、次は一大国です。「また南に千余里、一大国に至る」、この一大国も壱岐島の国々のひとつと考えていいよね。
智彦 一大は石田町石田のことだとしたいの。楠原佑介という人が『地名学から解いた邪馬台国』で書いているわ。わたしもその通りだと思うので、楠原さんにならって石田に一大国があったとしたいの。これも中国側で〔いしだ〕を〔いちだ〕と聞き取って字をあてた結果ね。一大を一支《いき》の誤記と考えるより石田とする方がずっと自然よ。石田には弥生時代前期から古墳時代初期にかけての原の辻《はるのつじ》遺跡があるわ。壱岐島内のほかの国としては島の北端で勝本町の天ヶ原遺跡あたりと、同じく勝本町の湯本湾岸が候補地ね。カラカミ遺跡、石路遺跡などがあるわ。
智彦 次は今日最後の検討地末盧国です。「草木茂盛し前を行く人も見えず」とあることから、ひらけた平地ではなくて港の近くまで山が迫っているようです。また「海に潜って魚鰒を捕る」から、砂浜が続く海ではなく、サザエやアワビが捕れる岩礁《がんしょう》がある海岸だと思われます。

日夏　末盧国は唐津《からつ》にあったと考える人が多いの。唐津は桜馬場遺跡の遺物などから、まちがいなく王がいたとみられているためよ。でも、智彦の説明のようなイメージは唐津からは湧《わ》いてこないわね。

翔　イメージの通りなのは東松浦半島の呼子《よぶこ》だよ。それに呼子なら壱岐から最短コースで、いまでもフェリーで結ばれているよね。

智彦　末盧《まつら》と松浦《まつうら》は同じ意味で、松の枝のように曲がり入りくんだ海岸のことかな、呼子説に賛成だよ。

日夏　呼子には弥生時代から古墳時代にかけての大友遺跡があるわ。国の中心地は名護屋《なごや》かもしれないわね。のちの時代、豊臣秀吉が名護屋城を築いたところよ。次回は陸路を検討することにしましょう。末盧国から伊都国、奴国、不弥国、投馬国、邪馬台国までね。

陸路を読む——末盧国から不弥国まで

五月二十一日　わたぎしの会　第二回

智彦　今日検討する国々についての読み下し文はつぎのとおりです。

末盧国から伊都国まで

東南に陸行し五百里、伊都国に到る、（中略）千余戸、代々の王は皆女王国に統属する、郡使の往来、常に駐する所

奴国まで

東南、奴国に至る、百里、（中略）二万余戸

不弥国まで

東行して不弥国に至る、百里、（中略）千余家

投馬国まで

南、投馬国に至る、水行二十日、（中略）五万余戸

邪馬台国まで

南、邪馬壹国に至る、女王の都する所、水行十日、陸行一月、（中略）七万余戸

日夏　ひとつひとつみていく前に、五つの文全体で何か気付いたことはない？

智彦　資料を作りながら気になったのが字の違いだよ。まず、「至」と「到」それに、「戸」と「家」かな。これまでほとんどの国に「至」が使われているのに、狗邪韓国と伊都国だけは「到」となっているよね。また、不弥国にだけは「戸」ではなく「家」が使われているんだ。きっと何らかの意味があると思うよ。それと、前に日

夏さんがいっていたように不弥国まではすべて距離が書かれているのに、投馬国と邪馬台国だけは日数しかないよ。

日夏 では以上のことを頭に入れて、伊都《いと》国に進みましょう。

智彦 伊都国では代々の王もいて「郡使の往来、常に駐する所」とあることから、権威ある大国のようだね。それなのに千余戸とはものたりないような気がするよ。

翔 オレも気がついたことをひとつ。この伊都国になって初めて女王国に統属すると書かれたのは、伊都国より前の対海国、一大国、末盧国が女王に属する国ではなかったからではないかな。郡使も伊都国に入ってやっと女王に属する国になったので「駐する」というわけだよ。

日夏 ふたりともおもしろいことに気がつくわね。いままで伊都国は奴国と競り合う大国とみられてきたし、対海国など三国は女王に従う国とされてきたのよ。そうね、まず、伊都国の位置を決めましょ。どこにあったのかわからないままでは伊都国のイメージもふくらまないわよね、そのあとで、気になった点を検討しましょうか。伊都国を糸島市前原《まえばる》の三雲《みくも》、井原《いわら》あたりと考える人は多いの。近辺には王墓とみられる遺跡がいくつかあって、反論する人も少ないようよ。わたしも定説に従っていいかなと思ってるの。ただ、問題点もあるのよ。末盧国から伊都国へは東南に陸行したはずなのに、呼子から前原に向うと真東に近いのよ。かといってほかにそれらしい候補地があるわけでもないし、ここは目をつむって進むしかないかな。次に「至」と「到」の字の違いについてね。国の大きさや重要度、魏との親密度に関係しているようにはみえないわね。一見、ちっともわからないといったところよ。いままでにも注目した人もいたわ。「到」が使われている伊都国こそ邪馬台国だとする人、「到」が使われている伊都国からあとは放射状に国が並べられているとする人などよ。でも、字の違いにどういう意味があって、どう使い分けているのかまでの説明はできていないようよ。

智彦　ちょっと待って。いま「至」、「到」二つの字を辞書で調べたんだ。なんとなくわかったような気がして。先週の狗邪韓国までの文で確認したいんだ。……あっ、やっぱり。狗邪韓国の文をもう一度見て。

郡より倭に至るには海岸に循いて水行し、韓国を歴つつ、はじめは南つぎに東してその北岸狗邪韓国に到る、七千余里はじめは南に向かって進み、次に東に方向を変えるとあるよね。つまり、目的地に向ってまっすぐに進むことができずに方向を変えながら進んで行ったときに「到」を使って、「至」は目指した方向にそのまま進めば着くときに使っていたのではないかな。陳寿はとても丁寧に字を使い分けていたんだよ。字の成り立ちをいうと、「至」は「神事での矢が到達した神聖な場所」のことで、その矢はまっすぐに飛んでいったことだろうね。一方、「到」のつくりの「刂」は人のことで、「到」は矢の到達した場所まで人がたどりつくことなんだ。そこまでには丘があったり木や川があったりして、人は迂回《うかい》して行かねばならなかったんだよ。

翔　すると「到」を使った末盧国から伊都国への道程は曲がりくねっていたことになるよな。いまなら呼子から前原に向うには唐津経由が最短で、東松浦半島の内陸部からでも海岸沿いでもすぐに唐津まで行けて、唐津を抜けると前原へはほぼ直線だよ。でも、当時は山沿いの道と考えるべきなんだろうな。まずは南へと野高山《のだかやま》を目指し、次は南東の水ノ元山、そして東に松浦川を渡って夕日山、次も東で飯盛山《いいもりやま》、それからちょっと北の鏡山で、あとは海岸の近くを東北東に進んで伊都国だよ。

日夏　本当に、「到」の字がふさわしい行程だったのね。

■末盧国から伊都国へ

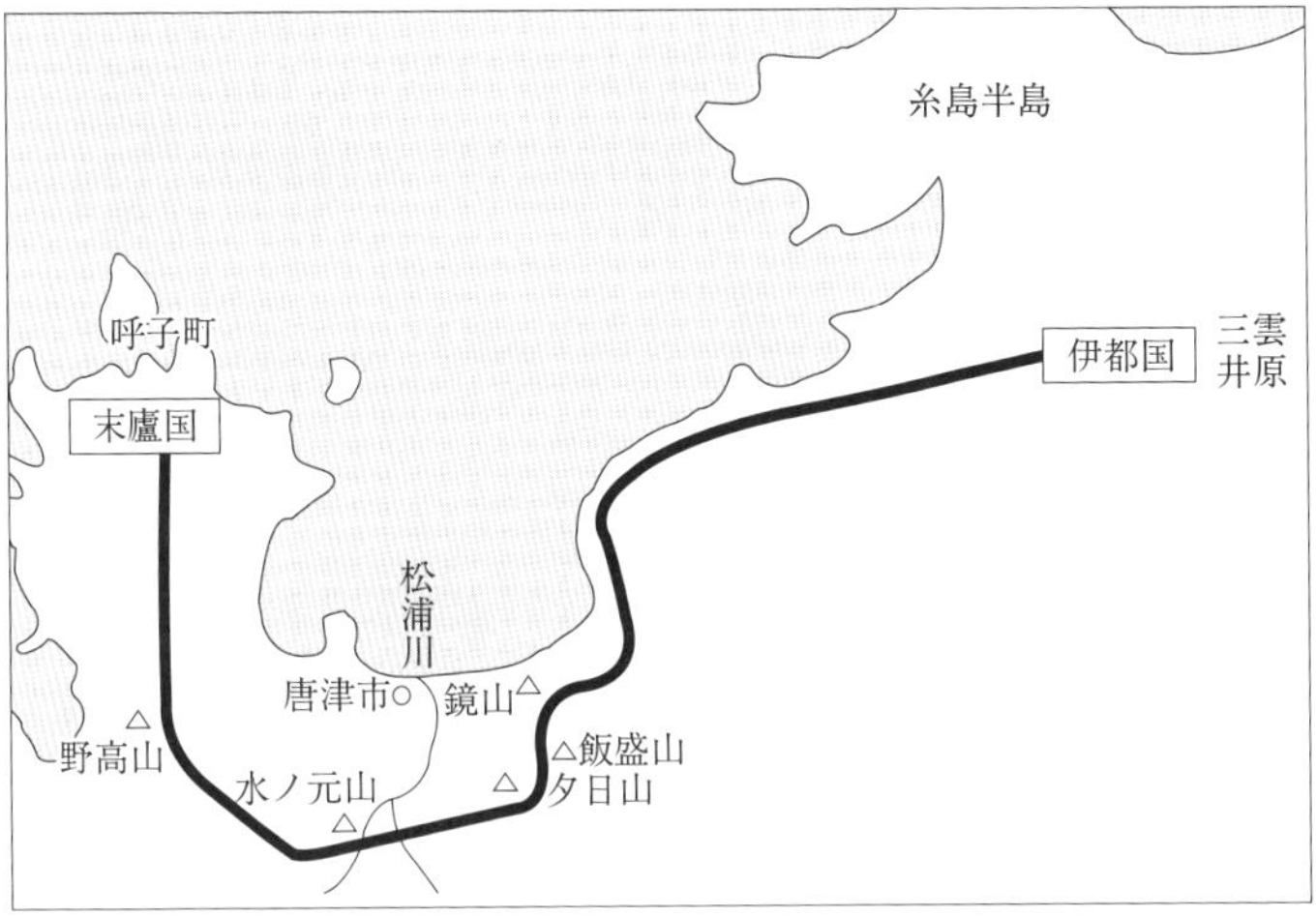

智彦　次は奴国です。伊都国から東南に百里で、二万余戸と大きな国です。

日夏　「奴」は那珂川《なかがわ》や那《な》の津《つ》の那と同じと考えられて「なこく」と読まれているわ。春日市にある須玖岡本《すぐおかもと》遺跡がその中心だったとされているの。でもわたしにはしっくりこないのよね。前原の井原から須玖岡本遺跡までを百里とすると、次の東百里の不弥国は山の中になってしまうもの。不弥国が宇美町だとすると、須玖岡本遺跡からは北東で距離も方角もおかしくなるの。方角がまちがっているが距離は正しいとみる説もあって、不弥国が飯塚市にあったと主張する人もいるけれど、やはりへんよね。

翔 そう悩まなくても簡単に解決できる方法があるよ。地図上で井原と宇美町を結んでその中心から南に向って奴国があったのさ。二百里の真ん中が百里だよ。

日夏 まあ、そんな。逆算で決めるなんて正当なやり方じゃないわ。

翔 いいんだよ、オレらは学者じゃないんだし。この方が陳寿を信じることになるんじゃないかな。そこに、それらしい遺跡なんかあったら大当たりだよ。地図では樋井《ひい》川《かわ》の中流域になるかな。堤、樋井川、桧原《ひばる》などの地名があるよ。どう、このあたりに遺跡はないの。

日夏 あるわ、宝台遺跡や丸尾台遺跡などね。この地域は開発が早かったので、保存どころか調査もされないまま消滅してしまった遺跡がたくさんあったところよ。丸尾台遺跡も消滅したわ。でも、国があった可能性なきにしもあらずね。

智彦 あのう、蒸し返すようで悪いのだけれど、もっと伊都国寄りに吉武高木遺跡があるよね。ここが奴国ということはないのかな。また、奴国ではなかったとしても、ここにも国があったはずだよ。ちょうど使節の通り道に当っているようなのに、倭人伝に出てこないのはおかしいよ。

■奴国周辺図

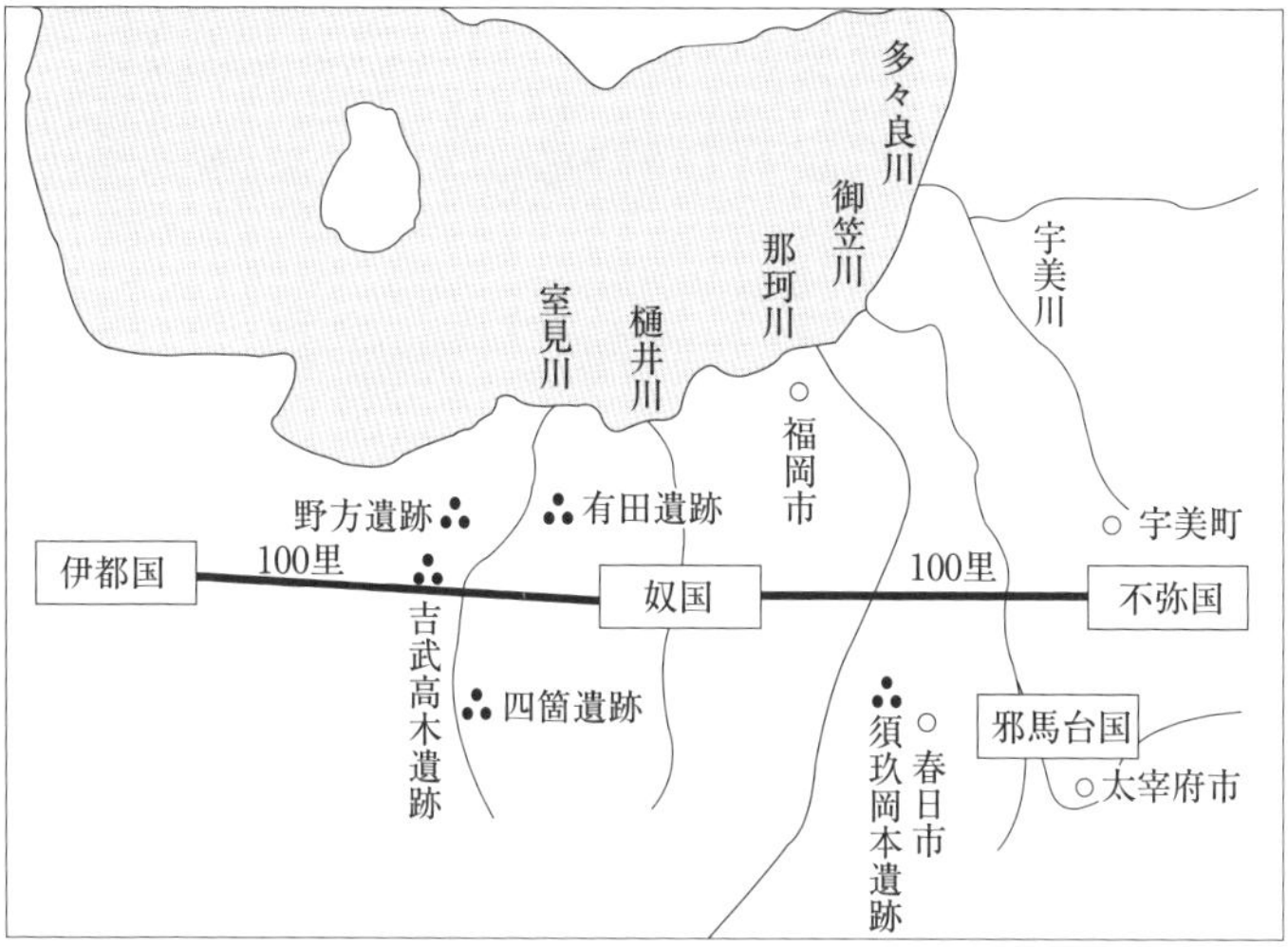

日夏　吉武高木遺跡を奴国とすると、今度は不弥国までが遠くなりすぎるからボツよ。

翔　奴国は二万余戸と大きな国なんだろ。その都は樋井川中流域にあったとして、吉武高木も奴国の中核都市だったと考えたらいいんだよ。同じ奴国の内だから倭人伝には書かれなかったのさ。

日夏　そっかあー、吉武高木遺跡の北に野《の》方《かた》遺跡もあるわ。ここも大きな遺跡よ。ほかにも有田遺跡や四《し》箇《か》遺跡など、国の都だったとしてもおかしくない遺跡がメジロ押しよ。

智彦　やっぱりおかしいよう、そのように国の中心となるような都市がたくさんあったら、王としての統制も執れなかったと思うよ。国内戦争になっちゃうよ。

翔　いや、各都市それぞれ栄えたとしても、その最盛期が少しずつずれていたんじゃないかな。それならば王権を発揮できて、戦争にはならないと思うよ。

日夏　あっ、そうよ、そのとおりよ。奴国はね、最初は室見川流域のそう大きくはない国だったのよ。吉武高木、野方、有田、四箇の集落はあったと思うわ。そのなかで王が都と定めた集落がそのときに大きく栄えたのよ。野方から吉武高木、四箇、有田というふうに都が遷っていくの。そのうち東の樋井川流域にも領土をひろげていって、その新しい土地に都を遷したときに使節が通ったのよ。奴国は野方が始まりだとしたら〔なこく〕ではなく〔のこく〕と読むのかもしれないわね。

翔　ええっー、今度はオレがおかしいよう。〔のこく〕と読むのはいいとしても、ポンポン都を遷していくなんて理解できないよ。都って、国の中で一番いい場所につくって、代々の王が住むんじゃないのか。

日夏　そのような国もあったかもしれないわ。でも、伊都国や奴国はそうではなかったのよ。都であったとしてもおかしくない遺跡があまりにたくさんあるんだもの。ここは『古事記』や『日本書紀』を読んだことがないと理解できないところね。いいこと、『古事記』や『日本書紀』では都を遷さなかった天皇はひとりもいないの。都を遷さない方が異常だったのよ。天皇が都を遷さないようになったのは平安京からなの。

智彦　あのう、平安京より前の平城京では数代の天皇が遷都《せんと》せずに政《まつりごと》を執っていたような気が。

日夏　あらっ、よく知ってるわね。平城京は遷都に関しては「過渡期《かとき》の都」といったらいいのかな、遷都こそしなかったものの、代々の天皇が宮殿だけは建て替えたのよ。都は宮処《みやこ》とも書くように、もともと王が居るところのことでしょ。宮殿を建て替えることは宮処（都）を遷すと同じことなのよ。

翔　そうだったのか。オレは京都のイメージにあまりにとらわれていたんだな。

智彦　都が遷る話はこれまでにして、不弥国に移ります。千余家とあるように小規模なのと、「戸」ではなく「家」の字が使われているところが気になります。ボクたちの考えでは不弥国は宇美町のことで、邪馬台国の手前の国です。

日夏　奴国の場所を決める元にしたくらいだから、宇美町を不弥国としていいわね。問題

翔　は「家」よ。
いえよというからいうけど、不弥国にだけは家がたくさんあったんだよ。ほかの国の住居はみな竪穴《たてあな》住居みたいなもので、不弥国は四方に柱を構えて壁があって屋根もある「家」と呼べる住居だったのさ。もちろんほかの国でも、王宮などは竪穴住居ではなかっただろうけど。突き詰めると、不弥国は迎賓館《げいひんかん》、いや昔のことだから鴻臚館《こうろかん》に近いような国賓《こくひん》歓待の役を負った国だったんだ。だから住民も少なくてすんだし、住民が少ないから竪穴住居もめだたなくてすんだのさ。

日夏　見事だわ。「家」問題解決と同時に不弥国の性格までわかっちゃったわね。

智彦　次は問題の投馬国です。不弥国の南にあって水行二十日、五万余戸のこの国を邪馬台国への道から抜き取ってしまうという日夏さんの説ですが、抜く前に付け加えておくことはありませんか。

日夏　投馬国には距離が書かれずに日数だけ示されていることは、この前いったわ。あとは感覚の問題よ。邪馬台国へ向うのに、不弥国までの距離が七千余里から千余里三回、そして五百里、百里、百里となって、目的地に近づいていることがわかるわね。それがここまできて突然「水行二十日」はないわよ。いまなら電車やバスを乗り継いで、やっと目的地が見えてきたところで「飛行機に乗れ」というようなものよ。だから投馬国は邪馬台国への道とは関係ないの。

智彦　では、投馬国はどこにあったとお考えですか。

翔　何だか、裁判所のようだな。わかりやすくていいけど。

■投馬国

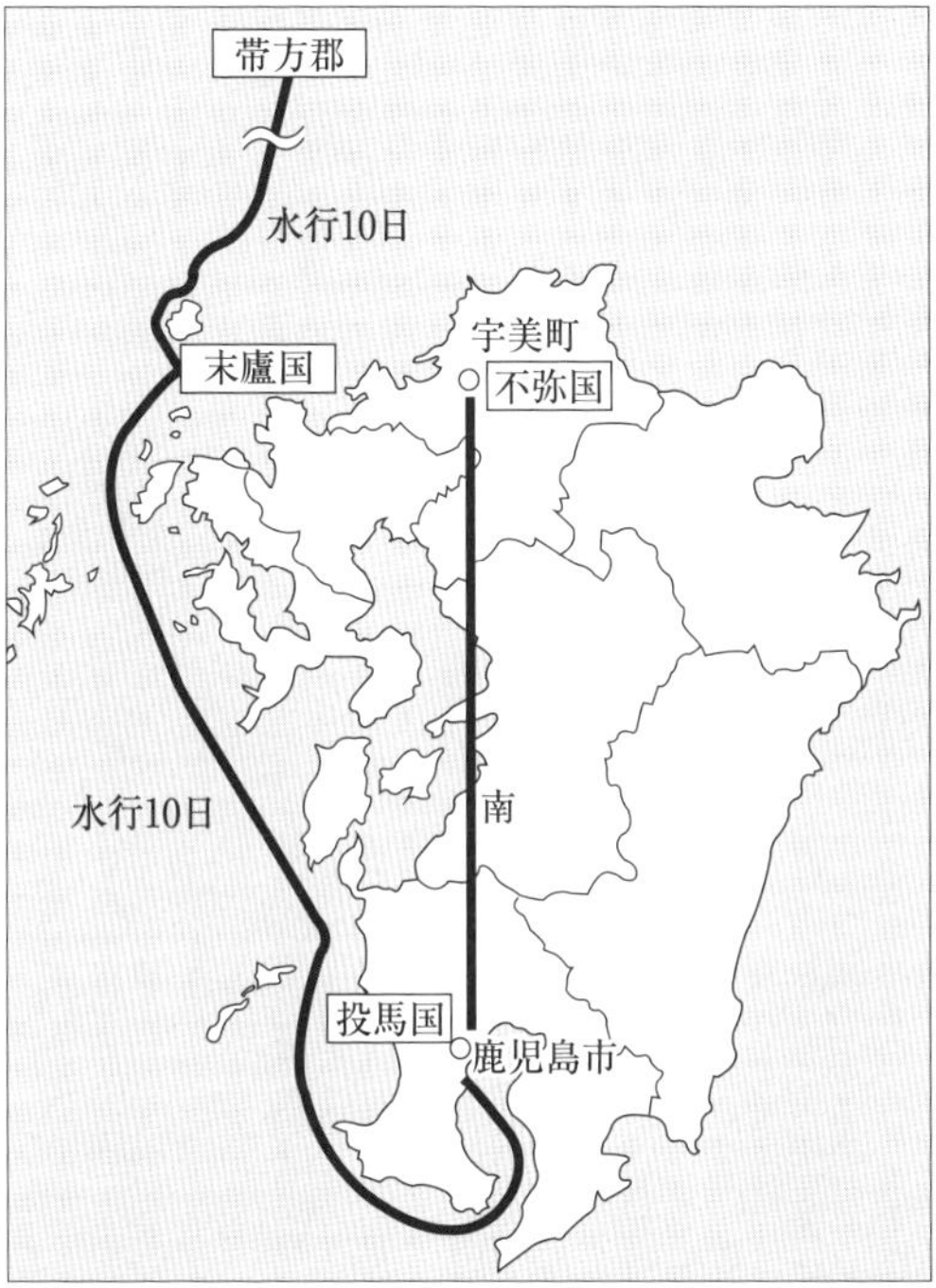

投馬国の場所についてはオレが考えてきたよ。これも簡単だったよ。九州の地図で宇美町から南に線を伸ばせば一目瞭然だよ。舟で行けるところ、ある程度距離があるところ、昔から拓けていたと思われるところ、この三つの条件にかなっているのは鹿児島市だけさ。鹿児島市はぴったり宇美町の南に位置しているんだ。

当時といまでは国（市）の中心地が一致していないことは承知のうえでいうと、宇美町は東経一三〇度三〇分で鹿児島市は一三〇度三三分なんだ。直線距離で二〇〇キロメートル以上離れてるんだから誤差なしといえるんじゃないかな。

智彦　では、投馬国を邪馬台国の直前に挿入した理由は何だとお考えですか。

日夏　翔じゃないけど、それは簡単よ。不弥国のちょうど南にあったからよ。えっ、理由になってないって。では、順を追って説明するわ。倭人伝は邪馬台国のことだけを記録するために書かれたわけではないの。始めに「今、使訳通じるところ三十国」とあったように、魏と国交のある三十の国を紹介することを目的としていたの。そのなかでも邪馬台国と狗奴国だけは詳細に書いているけどね。投馬国も魏と頻繁《ひんぱん》に交流があって「目の前の島が噴火する」だの「黒豚を飼育してる」だのが知られていたら詳細な記述になったかもしれないわ。ところが陳寿に伝わっていた投馬国の情報は「位置と王の名と戸数だけ」だったの。わずか二十五文字よ。倭人伝から抜き出すとこうね。

南至投馬国水行二十日官曰弥弥《みみ》副曰弥弥那利《みみなり》可五万余戸

そのため陳寿は投馬国についてはわざわざ一節起こすことをせずに、邪馬台国の途中でちらっと紹介することで済ませようとしたの。それは末盧国のときがちょうどよかったのよ。末盧国までが水行十日で、そこから九州を西回りに十日で投馬国に着くからね。合計二十日よ。ところが、末盧国の場所から投馬国の位置を文字で説明するのはとてもややこしいことがわかったの。それで、じっと我慢していた陳寿は不弥国にいたるやいなや投馬国を入れ込んだのよ。位置説明は「南」一字だけで完璧だもの。

翔　ああ、よかった。宇美町から南にどうやって水行するんだろうと悩んでいたところだよ。それにしても古代人が黒豚を飼っていたとは知らなかったな。

日夏　もののたとえよ。鹿児島に行ってごらんなさい、コアラだっていたかもよ。

智彦　以上で質問をおわります。補足説明はこのわたしが、いやボクにさせてください。再び「至」のことです。投馬国へは九州西岸をぐるぐるまわって行くのに、「到」でなく「至」を使ったのは「真南」にあるという方向を示したかったからです。また、字のつくりの「刂」がないことで、人が到っていないこと、つまり魏の使節が投馬国までは行っていないことも意味しています。使節が行っていないということは、邪馬台国への道筋ではないことの証明でもあります。投馬は〔つま〕と読み、「はしっこ」という意味です。のちに南を意味する〔さ〕がついて〔さつま〕になりました。日が昇る方向の東が〔あづま〕となったのと似ています。このあとは邪馬台国です。今日は話が長くなったので読み下し文をもう一度、どうぞ。

南、邪馬壹国に至る、女王の都する所、水行十日、陸行一月、（中略）七万余戸

翔　あれっ、いままで気がついてなかったよ。これって邪馬台国じゃないよ。台の字が違うじゃないか。なんて読むのか知らないけど。

智彦　それ〔壹〕は〔いち〕と読みます。数字の一と同じで、ちょっと簡略化した「壱」の字もあります。領収書や契約書などで、数字を読みまちがえたり書き換えられたりしないように使われることがあります。一万円札には壱が使われています。二を弐と書いたり、三を参とするのも同じです。

翔　ふうん、そうなのか。すると、オレたちは邪馬台国じゃなくて邪馬壹国を探してい

たことになるのか。あれっ、日夏、またむつかしい顔して考えこんでるな。探していたのが邪馬壹国だと知ってショックを受けたのか。

日夏 違うわよ。このまま研究会を進めるまえに、邪馬壹国について確認しておかなければならないことがあるのに気がついたのよ。今日は思った以上に時間がかかったので、ここで打ち切って続きは来週でどうかしら。わたしは次回までに調べものをしてくるわ。二人には考えてきてもらいたいことがあるの。話が進んだら今日、みんなで考えようと思っていたことよ。それは「陸行一月」についてよ。邪馬壹国、ああ、ややこしいから邪馬台国といっておくわ、邪馬台国が太宰府にあったとして方角と距離はいいわよね。でも、一月というのは時間がかかりすぎよね。前に翔も気がついてたわね。呼子から太宰府までゆっくり歩いたとしても一月もかかりはしないわ。それがどういう理由を付けたら一月になるのかを考えてきてほしいの。

邪馬台国は太宰府に

五月二十八日　わたぎしの会　第三回

智彦　諸君、課題のレポートはできましたか。今日が締め切りですね。遅れた人は卒業に響くこと請け合いです。では東雲《しののめ》さんから発表してもらいましょう。

翔　（今度は大学のゼミかな）

日夏　不弥国の南が邪馬台国です。距離も書かれていないので百里未満と近くです。わたしたちは不弥国を宇美町とみていますので、その南の太宰府市が邪馬台国ということになります。七万余戸の大きな国ですから、筑紫野《ちくしの》市を合わせたくらいの広さがあったものと思われます。水行十日陸行一月は帯方郡から邪馬台国までの日数です。帯方郡から末盧国までが水行十日で、末盧国から邪馬台国までが陸行一月です。「台」と「壹」についてはこれから述べます。「陸行一月」については二人の発表を待ちたいと思います。出足はこんなところでいかがでしょうか、菊池先生。

智彦　ああ、とてもすっきりとまとめられていて、わかりやすいですね。続きが楽しみです。

日夏　わたしは連休中に邪馬台国に関する本をたくさん読んでいたので、倭人伝には邪馬壹国と書かれていることは知っていました。なのに、邪馬台国の場所にばかり気を取られて、字には注意を払っていませんでした。先週、先生が、ああもうやめたっ。先週、智彦の「壹」の字は読みちがいや書き換えを防ぐために使われるとの説明にショックを受けたのよ。邪馬台国が邪馬壹国だったからではないの。そのとき、これからすべきことがはっきりと浮かんできたわ。陳寿はまちがえられないようにとわざわざ「壹」の字を使ったのよね。それなのに、まちがえられないようにと使った字がなぜか、まちがえられてしまったの。まず、その理由を調べなければならないと思ったわ。次に一大が石田だったのだから、邪馬壹国は山石国かもしれないと考えたの。倭人のイシは中国の人にとってはイチなのよ。それで、太宰府に山石国の足跡が残されていないかも調べなければと思ったの。

翔　日夏はすごい、二つのことについて同時で瞬間的、かつ的確な論理的思考をしているよ。

日夏　何を持って回ったいいかたをしてるのよ。ヒラメキっていいたいのでしょ。それでもいいわよ、今回は確かにひらめいたんだもの。

智彦　日夏さん、続きを早く聞かせてよ。

日夏　まず、陳寿が女王国に「一」を使わず「壹」を使った理由ね。その目的はまちがって読まれないようにするためよ。「邪馬一国」では「邪馬というひとつの国」と読めないこともないわ。一大国の場合は一と国のあいだに「大」が入るのと、前後の文脈からまちがわれることはないと判断したので一の字を使ったの。次は、まちがわれないようにとわざわざ「壹」と書いたものが「臺（台）」に変わってしまった経緯ね。倭人伝は『三国志』のなかの魏の周辺国に関する一文で、その『三国志』は西暦二八〇年頃、陳寿によって書かれたの。その次に倭人のことを書いた歴史書が『後漢書《ごかんじょ》』で、四三二年に范曄《はんよう》という人によって書かれたの。ただ、范曄が邪馬台国のことなど本当に書いたのか疑問よ。疑う理由は二つあるわ。一つめは范曄が本紀《ほんぎ》を書き上げたあと、周辺諸国のことを書く前に処刑されたと考えられること。二つめは邪馬台国という後漢にとって未来のことを『後漢書』に書くはずないということよ。卑弥呼の魏への朝貢は二三八年以降のことで、その死は二四八年頃とみられているわ。後漢は二二〇年までの王朝だから、女王卑弥呼はまだ中国では知られていないのよ。生きた時代は違っていても、陳寿に劣らない歴史家である范曄ならば起こすはずのないミスよ。本紀には「光武帝中元二年と安帝の永初元年に倭国が使いを遣《つか》わしてきた」ことが書かれているの。これだけが范曄自身が書いた倭人のことだとわたしは考えるの。この二件ならば後漢の時代に合っているわ。だから邪馬台国のことを書いた『後漢書』東夷伝《とういでん》はのちに何者かによって加筆された可能性が高いのよ。倭人伝をもとにした文章なのに字や内容があちこち違っているわ。狗奴国が拘奴国になり、その拘奴国は倭人伝では女王国の南にあるところが、東夷伝では女王国の東千余里になっているの。倭人伝で代々、王がいたのは伊都国なのに、東夷伝ではどの国も王を称すとなっているわ。この東夷伝で邪馬壹国も邪馬臺国に変えられてしまったのよ。しかも会稽東治《かいけいとうち》の東にあるのは狗奴国だったものが、会稽東冶《かいけいとうや》の東の邪馬臺国となっている始末よ。范曄の後継者はよほど読解力がなかったか、それとも倭人伝をそのまま転記しただけでは芸がないとでも考えたかのどちらかよ。その後、六〇〇年代前半に『晋書《しんじょ》』、『梁書』、『隋書』、『北史』とたてつづけに歴史書がつくられたの。それらの歴史書でも邪馬臺国となっているわ。それは『三国志』より新しい『後漢書』東夷伝をもとに書かれてしまったからよ。それに目を付けて、できあがったのが邪馬台国大和説なの。〔やまたい〕と〔やまと〕が似ているのだそうよ。邪馬壹国は誤字扱いよ。一番古い倭人伝はまちがっている、その後の『後漢書』から『晋書』、『梁書』、『隋書』と新しい歴史書が繰り返し書いている方が正しいとでも思ったのね。九州説の人のなかには納得しない人も出てきて当然よね。最初にまちがえたのは中国でのことだったのに、それが日本国内で論争にまで発展して今日にいたったという次第よ。

翔　邪馬台国は誤字から生まれた国だったのか。

日夏　歴史書では記述が新しいものより、古いものの方が信憑《しんぴょう》性《せい》は高いのよ。歴史書を現在進行形で書くことができれば申し分ないのだけれど、倭人伝のように数十年あとになるのはしかたないことよね。でも、数十年ならば自分で実際に見たことを書くことができるし、生きている経験者に話を聞くこともできるわ。しかし、『後漢書』東夷伝のように数百年あとでは当時のことを聞くにも生きている人はおらず、過去の歴史書にたよるしかなくなるのよ。それが正確であればまだしも、『後漢書』東夷伝はあんまりよね。その後はまるで伝言ゲームだわ。新しくなるほどまちがいがひどくなってるわ。『梁書』では末盧国が未盧国になって、『北史』や

『梁書』には邪馬臺国への道程に対海国も対馬国も出てこないのよ。一大国は一支となっているわ。六〇〇年代には壱岐島はひとつの国にまとめられて一支国となっていたとしても、ここも魏のときのことを書くのであれば一大とすべきところよね。以上が邪馬臺国とまちがわれてしまった経緯で、邪馬壹国の方が正しいことは明らかよ。ただ、悲しいことに山石国だといっているわたしからして、その名にすぐになじめないのよね。よっぽど、邪馬台国が体にしみ込んでいるのだわ。それでこのあとも邪馬台国で通すことにするわね。

智彦

ボクは邪馬台を日本のことばにするとどういうものなのかを考えてみたんだ。邪馬は山のことでいいと思うよ。台は台地かな、それとも台〔うてな〕のことかな。うてなとは王のいる場所のことだよ。でも、そうすると〔やまたい〕は湯桶《ゆとう》読みのことばになってしまうんだ。湯桶読みは漢字二字の熟語で上を訓読み、下を音読みするもので、見本〔みほん〕、切符〔きっぷ〕などがその例だよ。湯桶読みは室町時代に出てきたもので、室町より古くは手師〔てし：習字の先生〕が万葉集に出ているんだ。でも、万葉のころ湯桶読みがふつうに使われるようになっていたわけではないよ。万葉よりさらに五百年以上前の卑弥呼の時代に湯桶読みの国名「山台」が使われていたとは考えられないよ。だから「臺」の方が誤字で、邪馬壹国の方が正しいと考えるよ。

日夏　ありがとう、心強いわ。さて、次に調べたことは太宰府に山石国だったあとが残されていないかよ。すぐに思いついたのが宝満山《ほうまんざん》なの。

翔　あっ、山頂の断崖が大きな岩だっ、まさに山石だね。オレ、登ったことがあるよ。

日夏　智彦は知らないかな。宝満山は太宰府の北東にある山よ。いまは仏教色の名前よね。昔は御笠山《みかさ》とか竈門山《かまど》と呼ばれていたの。古くから信仰の山で、山頂に巨岩があるだけでなくその断崖上の竈門神社で玉依姫《たまよりひめ》が祭られているわ。この宝満山のふもとにある国を山石と呼んだのではないかと思うのよ。

智彦　ボクも今度登ってみよう。

日夏　山石国の足跡をもっと見つけようとするなら、政庁跡を大胆に掘り返すしかないわね。できないけど。さあ、これでわたしの宿題はおわりよ、あとはあなたたち二人よ、ちゃんと考えてきたでしょうね。これまで地理的な観点を中心に邪馬台国がどこにあるかを探してきて、順調といっていいほどに太宰府に行き着いたわね。そして、そこに立ちはだかったのが時間というわけよ。いままで読んだ本の中では当時の公式使節は一日五十里進んだとするのがふつうだったので、それに従って道程の日数を整理するとこうなるわ。末盧国から伊都国までの五百里が十日、奴国までの百里が二日、不弥国までの百里が二日、不弥国から邪馬台国までが一日として合計十五日ね。倭人伝では陸行一月となっているので、あとの十五日がどこにどう隠れているのかを見つけ出さないと、太宰府説の信頼性もゆらいでしまうわ。

翔　オレの頭に最初に浮かんだのは宴会説だよ。不弥国は使節を歓迎するための国だから竪穴住居でなく、家が建っていたんだろ。そこでは連日の大歓迎でね、飲めや歌えの大騒ぎであっというまに十五日過ぎてしまったのさ。使節が帯方郡に帰ってそんなことを報告できるわけがないから、陸行は全部で一月とごまかしてしまったんだよ。

日夏　翔らしくておもしろいけれど不合格よ。公式使節が女王に会うまえに羽目をはずして遊びまわるはずはないもの。帰り道でならあったかもしれないとしてもね。それにしても不弥国では何日間か留まった可能性はあるわね。歓迎のための国でもあり、準備のための国でもあったはずよ。ここで女王に面会するときの儀式の打ち合わせをしたり、持ち物や衣服を整えたりしたのよ。挨拶《あいさつ》の文言《もんごん》を考えたり、進呈する品物の確認もしたことでしょうね。あてずっぽうだけど、不弥国で三日の滞在期間があったと仮定するわ。

翔　不弥国での宴会がだめなら、途中の国々での二、三日ずつの宴会もだめだよなあ。行く先々で観光してまわったり、グルメに舌鼓を打ったり、二日市温泉で湯治というのもないだろうしなあ。

日夏　翔は自分の願望を並べてんじゃないの。

翔　では、倭人側のつごうで、不弥国で十五日間待たせたというのはどう。女王はとても忙しいとか何とか理由をつけてね。待たせるほど女王の権威が高まると考えたんだよ。

日夏　そんなことよく思いつくわね。相手は魏の天子の使いなのよ。つまらない理由で何日も待たせたら使節一行は怒って、回れ右で帰っちゃうわよ。

翔　うーん、これもだめか、じゃああとは交通事情しかないな。魏とちがって倭国の道は整備されてなくて一日二十五里がやっとだったんだよ。

日夏　それもボツね。一日五十里でもけっこうゆっくり歩いているわ。また、たとえ歩きにくい道があったとしても全行程がそうだったはずはないわ。歩行困難だったのは前を行く人が見えないほど、草木が茂った末盧付近だけよ。それに、使節を何度も迎える道だもの、逆によく整備されていたはずよ。

智彦　ボクは使節はひとつの国に着くたびに時間をかけて祭祀《さいし》を行ったのではないかと考えてみたんだ。一見、倭人が喜ぶことかなと思ったよ。でも、よく考えてみると外国の祭祀を祭主付きで受け入れることは征服されるに等しいことと気がついたよ。当時の祭りと政治はイコールだものね。それでこの考えは自分で否定したんだ。次に使節が十日間以上滞在するとしたら、どの国なのかを考えてみたんだ。それはすぐにわかったよ。倭人伝にちゃんと書いてあったもの。伊都国は郡使の往来、常に駐する所とね。使節は伊都国に長期滞在したんだよ。

日夏　その一文については、いままでは単に「郡使が常駐する所」とだけ訳されてきたの。どのような状態で常駐するのかわからないままにね。「使節の行程はここまでで、女王国に入ることはなく、奴国から先は伝聞による行程だ」と主張する人もいるわ。

智彦　「駐」の字のつくり「主」は柱のことで、馬を柱につないで動かないようにする意味があるんだ。だから使節が伊都国にやってきたときに「いつも強制的に滞在させられる所」ととらえたらどうだろう。

翔　うん、いいぞ。そこでスパイではないか、女王をねらった暗殺者ではないか、監禁して取り調べたんだ。

日夏　何をバカなことをいってるの、国賓に対してそのような扱いができるわけないじゃないの。

翔　では、ほかにどんな理由があるんだよ、水行の船酔いはとっくに直ってるだろうし、時差ボケはないだろうし、末盧国からの道がきつかったから休養するというのもへんだし、記録に残ったこのときの使節に限って、集団食中毒を発症して動けなかったのかな。

智彦　「常に駐する」だから病気ではないよ。

日夏　でもそれいけるかも。病気だから動けないのではなくて、病気がどうか調べるために動いてはならなかったとしたら。移動禁止は伝染病対策という理由を前面に打ち出したら、使節の方も了承せざるを得なかったのではないかしら。いまのように医者がいるわけでもないし、検査器具もなかったのだから、ある程度の日数が必要だったのよ。時間をかけて病気が発症しないかどうかを確かめたとしたらどう。

智彦　滞在させて、観察することによってわかる伝染病とはどんなものが考えられるかな。

翔　天然痘にコレラとペストではどうだろう。

日夏　ちがうような気がするなあ。まあ、候補としておくとして、これについてはわたしの宿題とするわ。答えは今度ね。

智彦　あと、何日間足止めさせたかも考えなくちゃね。

日夏　そのことについてはちょっとヒントがあるのよ。中国の歴史書を調べていたときに、倭人伝と同じように日本まで来た使節があったの。『隋書』だったわ。時代は三百年以上あとのことになるわね。その道程で使節が倭の国に入って、まず小徳（官名）が出迎え、その十日後に大礼（官名）が郊外で慰労《いろう》し、その後にやっと都に入ったとなってるの。何かと時間をかけているわ。どうも倭人伝の足止めと似てると思わない。理由が同じかどうかわからないけれど、この十日を倭人伝に適用したらどうかしら。この十日と不弥国での三日を陸行の期間に算入すればほぼ「一月」になるわ。

翔　日数についての確かな根拠とはいえないものの可能性は十分あるよな。

日夏　この前、翔がいったわね。「伊都国になって、初めて女王国に属することが書かれたのは、この国より前の対海国、一大国、末盧国は女王に属する国ではなかったからだ。郡使も伊都国に入ってやっと女王に属する国になったので駐するということだ」と。そのとおりだったのよ。伊都国が女王連合国の入口で、そこに達したところで足止めを課したのだわ。伊都国は現代の検疫所《けんえきしょ》みたいな役目を担っていたのよ。それなら千余戸と少なめの人口でも足りていたでしょうね。さあ、次回は女王連合国に入るわね。智彦は倭人伝の訳の続きをお願いね。翔には地図をたのみたいのだけれど、どこにあるのかわからない国々のことだから無理ね。それで、伊都国から奴国、不弥国、邪馬台国と続いていた国の位置や規模からほかの連合国のあり得る範囲を考えてきてほしいの。

第二章　連合国はジグソーパズル

女王連合国を求めてI――斯馬国から好古都国まで　六月四日　わたぎしの会　第四回

日夏　最初にわたしの宿題からね。伝染病の歴史を調べてみて、その資料の多いことにびっくりしたわ。大昔の伝染病のことなど、誰も注目していないものとばかり思っていたのよ。意外だったわ。調べた結果、翔がいっていたコレラとペストは流行った時期と国がちがうみたいよ。天然痘は少し可能性ありといったところかな。弥生時代後半から古墳時代にかけて倭人の国で恐れられた伝染病は結核のようよ。あと、インフルエンザと麻疹《はしか》かな。恐い病気をひとつにしぼることはないわよね。当時、医者もいなければ薬もない、病気の原因さえわからないままに流行りだせば手の打ちようがなく、罹《かか》ってしまえば致命的となれば、伝染病を防ぐことは文字通り死活問題だったのよ。魏の使節を長期間滞在させるのに、わたしたちがいま思っている以上に説得力があったと考えられるわ。

智彦　邪馬台国の時代に「防疫《ぼうえき》」が考えられていたなんて、少しも思わなかったよ。

日夏　結核を挙げた理由もいっておかなくちゃね、受け売りだけれど。日本国内で縄文時代の遺跡の人骨からの結核症例は見つかっていないのに、古墳時代の遺跡からは脊《せき》椎《つい》カリエス（結核性脊椎炎）の人骨が各地で見つかっているわ。このことから推測すれば、結核はもともと日本にはなかったものが弥生時代になって入ってきたと考えられるわ。古墳時代には各地にひろまっていたのだから、その少し前の邪馬台国の時代なら日本国内で流行りはじめたときにあたるのよ。日常的に咳《せき》をしたり、喀血《かっけつ》する人を伊都国より内側に入れないのは当然のことよ。

智彦　インフルエンザはどうなの。インフルエンザで死んだかどうかは骨からはわからないよね。

日夏　そうよ、結核のように痕《あと》が残ってはいないものね。でも、インフルエンザは海外からもたらされるという認識だけは持っていたと考えてるの。症状も隠せないし、罹っている人を見つけるのは結核より簡単だったでしょう。短期間で発症するので、足止め期間が十日あれば十分だったはずよ。のちの平安時代になって、繰り返しインフルエンザが大流行したのは渤海《ぼっかい》の使節が原因だと当時の人々は、はっきり知っていたのよ。「渤海毒」だとか「異土《いど》の毒気」と呼んでいたそうよ。

翔　そうなのか、倭人側のたっての願いで使節は伊都国に留まったんだね。それならそれが倭人伝に書かれなかった理由もわかるような気がするなあ。だって、これは島国である倭人の国にだけ例外的に認められたことだろ。おおやけになったら、魏の権威もあなどられることになるし、周辺国から不満の声も挙がるだろうしね。

智彦　うん、それを書いちゃったら「駄足」だと笑われたろうね。

日夏　それは「蛇足」。もうほとんど病気ね。伊都国でみてもらうといいわ。

智彦　さてさて、これで陸行一月の謎も解けたので、邪馬台国太宰府説をこのまま推進していいよね。今度はどんな発見があるかなと、毎週わくわくしちゃってもう止《や》められないよ。

日夏　邪馬台国の次に出てくる女王連合国は全部で二十一あるの。そのひとつひとつがどこにあったかを考える前に、連合国はどのようなひろがり方をしていたのかをイメージしておきたいわ。伊都国、奴国、不弥国とそれに邪馬台国自身も含めると二十五の国よ。邪馬台国までは方角や距離が書かれていたわね。あとの二十一の国については方角も距離も戸数も手がかりになるようなことは何も書かれていないの。強《し》いていえば、二十一もある国の名前がヒントにならないかと思うくらいよ。さあ、翔の出番ね。

翔

はいはい、一週間かけて頭に描いた女王連合国のイメージです。まず、連合国のなかで邪馬台国ははしっこの国ではないということ。周りを連合する国で囲まれていたと考えるよ。次はひとつひとつの国の大きさについてね。伊都国が糸島市前原、奴国が福岡市西区、不弥国が宇美町、一番大きい邪馬台国が太宰府市と筑紫野市とを合せたくらいだから、ひとつの国の大きさは現在の市町村や区だと考えたらいいのかな。その程度の大きさの国々の連合ならば、いくら二十一もあったとしても九州南部までには及ばないし、まして九州外には達しないよね。次は伊都国が連合国の一番西側に位置していたこと。連合国は伊都国から東に向って展開していたんだ。ただ、伊都国より西に国が無かったという意味ではないよ。いくつか国があったものの、女王連合国に対抗できる力を持っていたので、連合する必要が無かったんだ。唐津だけでなく伊万里《いまり》や平戸《ひらど》にも国があったと思うよ。そして次は伊都国の東側、博多湾岸一帯についてね。この地域が奴国と不弥国の二国だけだったとは考えられないんだ。ここは弥生遺跡の宝庫で、いたるところに遺跡があるよね。これらの遺跡が二国だけに所属していたわけはないよ。二国だけでなくもっとたくさんの国が、ところ狭しとひしめいていたと思うね。次は邪馬台国の先についてね。邪馬台国の北東側の飯塚《いいづか》、嘉穂《かほ》方面は連合国であった可能性はあるね。ただ、川の流れからみて宗像《むなかた》方面の国とのつながりが強いような気がするね。邪馬台国の南東は平野続きに連合国もずっと続いていたとみるよ。筑前《ちくぜん》町、朝倉《あさくら》市などね。朝倉市から東へ、どこまで続いていたかまではわからないな。筑前町の南側にも国があったろうね。鳥栖《とす》市や小郡《おごおり》市などね。ただしそれは筑後《ちくご》川より北側だよ。理由は筑後川の南側は狗奴国だったとみているからさ。川を挟んで連合国と狗奴国は対峙《たいじ》していたんだ。

智彦　筑後川が二つの勢力の境になっていたの。かなり邪馬台国に接近しているような気がするなあ。

翔　そのとおりだよ。筑後川を国境線とみた理由はこうなんだ。連合国とその南にある狗奴国が絶え間なく争っていることはわかっているよね。仮にこれが太宰府と鹿児島の勢力であれば、年中争ってばかりはいられないよ。せいぜい一年に一回だよ。距離が離れてるだけに、そうそう兵士を繰り出せないもの。ところが太宰府と熊本の勢力となれば話は違ってくるよね。摩擦をおこす場所もふえて、争いも点から線にひろがるよ。それで、そのような国境になり得る場所を太宰府と熊本のあいだで考えて、筑肥《ちくひ》山地と矢部《やべ》川、筑後川をその候補としたんだ。ただ、山は国境にはなり得ても、戦《いくさ》の場合には当てはまらないと考えて筑肥山地を除外したよ。矢部川と筑後川については、やはり大きい方が国境になりやすいとして筑後川を選んだんだ。それに連合国と狗奴国では狗奴国の方が優勢で、いつも攻撃をしかけているようだから、その場所は案外、邪馬台国に近いところではないかとみたんだ。補足すると、連合国の筑後川北岸にあった国々の国土は平野部にひろがっていただろうけれど、その都（中心）はちょっと引っ込んで、山を背にしていたにちがいないよ。防御上、そうならざるを得ないよ。

日夏　全くヒントもないところでよくそれだけ考えてきたわね。翔にたのんで正解ね。

翔　おまけがもうひとつあるよ。二十一の国が書かれた順番についてだよ。使節が魏に帰って、思い出し思い出ししながら報告した順番だと思うかい。それはないよな。では大きい順か、親しい順か、あいうえお順か、魏にあいうえおは無かったろうけどね。そのどれでもなさそうだよね。二十一の国はね、魏からみて「近いところから遠いところへ」と順に並べられているんだよ。使節は順序よく報告していたんだ。遠くから近くへ並べたと考えるのはひねくれ者だよ。

日夏　感激よ、ここまでわかれば格段に探しやすくなるわね。

智彦　では二十一の連合国を探す作業にはいります。倭人伝のとおりに写しただけではわかりにくいので番号を付けてみました。

①斯馬　②已百支　③伊邪　④都支　⑤弥奴　⑥好古都　⑦不呼　⑧姐奴
⑨対蘇　⑩蘇奴　⑪呼邑　⑫華奴蘇奴　⑬鬼　⑭為吾　⑮鬼奴　⑯邪馬
⑰躬臣　⑱巴利　⑲支惟　⑳烏奴　㉑奴

日夏　二十一の国の最後が奴国となっているわね。奴国は伊都国と不弥国のあいだにも出てくるので、これをどう扱うか意見がわかれているの。同じ名だが別の国、誤まって二回書かれただけでひとつの国、狗奴国を奴国と略した、などよ。わたしたちは陳寿に誤記はないという立場を貫《つらぬ》いて、ここは同じ名の別の国としましょう。この二十一の国名をみて何か気付いたことはない？　予想される場所に限らず、読み方についてでもいいわ。

翔　オレは字の読み方は得意じゃないが、①斯馬は〔しま〕と読んで糸島市の志摩のことだと思うよ。⑥好古都は〔こうこと〕か〔はおこつ〕かわからないものの、雰囲気が博多だね。あと⑯邪馬は〔やま〕だよ、場所はわからないけど。

智彦　⑨対蘇は〔つそ〕かな、鳥栖の感じがするよ。⑰躬臣は〔くし〕で玖珠《くす》、⑳烏奴は〔うぅの〕で大野はどうだろう。玖珠と大野は大分県だよ。

日夏　ああ、なんとなくみえてきたじゃない、①斯馬が志摩で⑥好古都が博多ならそのあいだに四つの国があったことになるわ。博多湾岸の国ね。そして⑨対蘇が鳥栖ならその前の⑦不呼か⑧姐奴の前後で邪馬台国を通り過ぎるのね。⑩蘇奴から⑯邪馬は筑後川北岸の筑紫平野で、大分県の玖珠町より手前となるわね。最後の四カ国は玖珠町より東の大分県内の国で、そのうちの⑳烏奴が豊後大野市ね。二十一の国のなかでは①斯馬が魏に一番近くて、㉑奴が一番遠くの国よ。すべて翔がイメージした

日夏　連合国の範囲内におさまっているわ。連合国は邪馬台国を要《かなめ》にして博多湾から筑紫平野を東にひろがって、九州の東海岸に達する帯状の国々だったのね。連合の帯が九州を東西に横断することで狗奴国の北上を抑《おさ》えていたんだわ。

翔　オレの論理的思考も捨てたもんじゃないな。今日も宿題出していいよ。

日夏　考えとくわ。さあこれから二十一の国の位置をひとつひとつ探っていきましょう。①斯馬と⑥好古都のあいだの四カ国は範囲がわかっているので、そうむつかしくはないんじゃないかしら。空いているところを埋めていくだけよ。完成直前のジグソーパズルみたいなものよ。強気でいきましょ。

智彦　それではまず①斯馬からです。〔しま〕と読んで糸島市の志摩のこととみます。

日夏　〔しば〕、〔しめ〕と読む人もいるわ。〔しば〕の付く地名は日本国中数限りなくあるわ。〔しめ〕なら宇美町の隣が志免町だわ。読みは〔しま〕でも伊勢志摩の志摩という人もいるのよ。でもわたしたちは糸島市の志摩でいきましょう。遺跡に志登《しと》支石墓群があるわ。

智彦　次は②巳百支です。日本のことばとして考えると〔しばき〕と読んで、字を当てるなら柴城かな。場所については二人におまかせです。

翔　地理的に考えて、場所は今宿《いまじゅく》じゃないかな。博多までに四つの国があることと、福岡市西区を大国の奴国が占めていることからして、そう大きな国ではないよ。志摩国と奴国のあいだだよ。

日夏　②已百支は〔しはくし〕、〔いわき〕、〔いおき〕などと読まれているわ。〔いわき〕なら岩城、磐木など、〔いおき〕なら五百木という地名もあるわ。場所も佐世保《させぼ》や唐津、周防《すおう》などが候補地になっているの。

智彦　倭人伝の字は「已」ではなく「巳」となっているので〔い〕とは読めません。それに中国語で百を〔お〕とは読まないので〔いわき〕、〔いおき〕はちがいます。また、支は〔し〕とも読めますが倭人伝では〔き〕のようです。

日夏　今宿付近に柴城の地名は見あたらないわね。でも、これでいきましょう。今宿も遺跡が多いところで時期的に、今宿五郎江遺跡が都の候補地でいいのではないかしら。古墳もたくさんあってよ。

智彦　③伊邪に移ります。邪の字を邪馬台国で〔や〕と読んだので、伊邪は〔いや〕と読むのかな。〔いしゃ〕、〔いじゃ〕というのもありかなと迷います。場所は翔がいいたそうにしているね。

翔　西公園から大濠《おおほり》公園あたりだよ。当時は半島で、海に突き出た地形だったろうね。西公園の近くに伊崎の地名があるよ。奴国が西区からこの国の南側にまで食い込んでいたんだよ。

日夏　③伊邪は他説に宇佐や伊万里、伊予などが挙がっているわ。でもわたしたちの方がきっと当っているわ。このあたりは江戸時代などの比較的新しい遺跡が埋っていて、弥生時代のものはその下の方に隠れているみたいよ。

智彦　④都支です。〔つき〕と読みます。支は先ほどいったように〔き〕の読みで統一しますので〔つし〕、〔とし〕はありません。あと〔とき〕はどうかです。〔とき〕なら土岐の字が考えられますが、ボクの字に対する勘が〔つき〕だといってやみません。いままで黙っていたけれど伊都国も〔いと〕ではなくて〔いつ〕と読むと思うんだ。ちょっとむつかしいけれど「厳」や「稜威」の字をあてたらいいのかな、神聖で荘厳な国という意味だよ。では翔、あとをたのむね。

翔　春日市から大野《おおの》城《じょう》市牛頸《うしくび》あたりはどうだろう。月《つき》の浦《うら》の地名もあるよ。ちょっと海から離れて福岡平野の南東部で、太宰府の西側だね。

日夏　都支は誤字だとして郡支と書き換えられて、〔くし〕、〔くき〕などと読まれることが多いのよ。それで玖珠や遠賀《おんが》の洞《くき》、佐賀県の小城《おぎ》などと考えられているの。ここも誤字はないとするわたしたちに分があったわね。春日市付近にも遺跡がたくさんあるわ。特に須玖岡本遺跡が知られていて、この遺跡を奴国の都と考える人は多いのよ。でも都支国の都であったとしてもおかしいことはないわ。

智彦　次は⑤弥奴です。奴は奴国のときと同じように〔の〕と読んで、弥奴は〔みの〕です。

翔　ここは簡単だよ。パズルの最後の一ピースだもんね。④都支と⑥好古都とのあいだだよ。つまり、春日市と博多のあいだ、現在の博多区南部から福岡空港にかけてだね。美野島の地名もあるよ。

日夏　⑤弥奴は〔みな〕、〔みぬ〕とも読まれ宗像《むなかた》市や佐賀県の三根《みね》、備前の御野《みの》などが考えられているわ。でも、博多のとなりが正解ね。このあたりは遺跡だらけよ。比恵《ひえ》、宝満《ほうまん》尾《お》、板付《いたづけ》、金隈《かねのくま》遺跡などがあるわ。

智彦　ここ⑤弥奴については字はちがっても同じ読み方をする地名がいくつかあるよね。それが気になって調べてきたんだ。美濃、美野、三野、御野などだよ。字はちがっていてもこの〔みの〕というのは神や王へ捧げる農作物をつくる場所のことではないかと思うんだ。御野の字がその性格を表しているよね。それで、弥奴は邪馬台国や国賓歓迎役の不弥国に稲を納める役を負った国だと考えたらどうだろう。板付遺跡の水田跡がそれを物語っているような気がするよ。次は⑥好古都です。

翔　あらためていわなくてもいいと思うけど、博多だよ。

日夏　熊本の菊池や宇土《うと》、備前の香止《かかと》という人もいるわ。でも、博多で決まりね。博多遺跡群があるわ。ついに博多までたどり着いちゃったわね。このあとも楽しみね。今日はだいぶ時間がかかったのでここまでにしましょう。翔は宿題が欲しいようだから、大分県内での連合国の候補地を考えておいてね。わたしは大分の遺跡を調べておくわ。

女王連合国を求めてⅡ——不呼国から奴国まで　六月十一日　わたぎしの会　第五回

智彦　さっそく入ります。⑦不呼は〔ふこ〕と読みます。この国と次の⑧姐奴は邪馬台国の手前にあるのか先にあるのかわかっていません。ここは翔におまかせです。

翔　⑦不呼が邪馬台国より先の国ということはないよ。仮にそうだとすると博多湾岸の北部に、連合していない国があったことになるもの。博多から海《うみ》の中道《なかみち》までは連合国が押さえていたと考えるのがふつうだよ。不呼は粕屋《かすや》町から久山《ひさやま》町にかけての国と思うよ。国の背後が鉾立《ほこだて》山、海岸部が箱崎《はこざき》というのはどうかな。

日夏　それでいきましょ。この地域には江辻遺跡、原石棺群があるわ。もう他説は省略していいわね。

智彦　では次です。⑧姐奴は〔しゃの〕と読みます。

翔　はじめは⑦不呼の北側の国、つまり古賀《こが》市あたりかと考えてみたんだ。そうすると今度は邪馬台国と⑨対蘇とが空きすぎるんだよなあ。それで太宰府市・筑紫野市と鳥栖市のあいだのことかとみたよ。小郡市から基山《きやま》町にかけて国がひとつあったんだ。小郡市に佐野古《さのこ》という地名があって、〔しゃの〕に近いような気がするよ。この国から先は狗奴国との戦闘地域になるので、国土は平野部にひろがっていたとしても、国の中心部は山を背にしていただろうね。姐奴の都も、基山のふもとだったと思うよ。

日夏　小郡市に三沢《みつさわ》遺跡、大板井遺跡があるわ。また、基山町園部に金丸遺跡、宮浦に千《せん》

智彦　塔山《どやま》遺跡があって、りっぱな候補地だわ。
翔　次は⑨対蘇です。〔つそ〕と読みます。
日夏　鳥栖市でいいよな。この国も後ろにも山があるよ。城山と九千部《くせんぶ》山だよ。
智彦　江島町に本行《ほんぎょう》遺跡があるわ。
翔　⑩蘇奴に入ります。〔その〕と読みます。
日夏　この国から方向を東に変えるよ。筑前町のうち旧夜須《やす》町あたりだよ。曽根田の地名があるよ。背後に砥上《とかみ》岳がひかえているね。
智彦　このあたりでは曽根田川流域に大木遺跡、峯遺跡があるわ。
翔　今日はハイペースで進んでいます。次は⑪呼邑です。〔こゆ〕と読みます。
日夏　この国がむつかしかったんだ。似た地名が見つからなくて。でも、⑩蘇奴よりひとつ東側の山裾だと考えたらここしかないよね。甘木から秋月にかけてだよ。秋月の後ろが古処《こしょ》山で、〔こゆ〕はこの山の名にちなむのかもしれないね。
智彦　甘木に遺跡はあるみたいね。秋月はよくわからないわ。あまり広くない地域なのに城下町として栄えたから、残っていないのかもしれないわ。
翔　⑫華奴蘇奴は〔はのその〕と読みます。⑩蘇奴が現在の曽根だとすると華奴蘇奴は

翔　放曽根でしょう。
⑪呼邑に続いてこの国にも頭をひねったよ。呼邑つまり秋月から東へ向ってしまうと、大刀洗《たちあらい》町付近が連合国の空白域になってしまうんだ。それに智彦がいうように〔はのその〕は〔その〕の放れ、つまり⑩蘇奴の先にある国だと考えたらわかったよ。〔はのその〕は筑前町の旧三輪《みわ》町から大刀洗町、甘木南部にかけての国だとね。この国だけは平野のまっただ中で近くに山が無いので、狗奴国の攻撃に対しては他の連合国から救援部隊が駆けつける手はずになっていたんだよ。

日夏　すごいわ翔、甘木にある平塚川添遺跡は⑧姐奴と⑩蘇奴、⑪呼邑の三つの国からほぼ同じ距離に位置しているわ。この三つの国から救援部隊が来ることになっていたんだわ。この遺跡は環濠集落跡として知られていて、環濠は狗奴国の攻撃から身を守るための自衛手段としてつくられていたのね。

智彦　次は⑬鬼です。〔き〕と読みます。

翔　朝倉市三奈木《みなぎ》だよ。美奈宜《みなぎ》神社があって、地名に城、鬼ケ城があるよ。キは段丘地形からの地名だね。背後は十石《じっこく》山と籾《もみ》岳だよ。

日夏　美奈宜神社には行ったことがあるの。〔き〕は段丘地形からと聞いて思い出したの

智彦　は、神社手前の寺内ダムね。まるでその段丘であるかのような威容を見せていたわ。

翔　⑭為吾は〔いご〕と読みます。朝倉市杷木《はき》の志波《しわ》付近だよ。似ている地名は見あたらないね。後ろは麻底良《までら》山、米《こめ》山だね。

日夏　このあたりには岡本、江栗、桑ノ本、外之隈などの遺跡があるわ。

智彦　⑮鬼奴は〔きの〕と読みます。

翔　杷木だよ。後ろは米山と畔倉《あぜくら》山。

日夏　杷木には穂坂天神原、畑田、楠田、西ノ迫などの遺跡があるわ。西ノ迫は高地性集落跡ね。

智彦　⑯邪馬は〔やま〕と読みます。

翔　日田市北部の日田インターチェンジ近く、山田の地名があるよ。北側が山だよ。

日夏　このあたりには吹上、小迫辻原《おざこつじばる》、草場第二などの遺跡があるわ。小迫辻原遺跡では内行花文鏡《ないこうかもんきょう》片が出土したとなっているわ。

智彦　⑰躬臣は〔くし〕です。

翔　玖珠郡玖珠町の四日市あたりかな。やはり北側が山だよ。

日夏　ここには四日市遺跡、白岩遺跡があるわ。白岩遺跡は山陵に位置しながら、山裾に濠をめぐらせているのよ。⑮鬼奴（杷木）の西ノ迫遺跡と似ているとのことよ。

翔　気がついたかい。筑紫平野に入ってからここまでの国々が高速道路に沿っているのに。

日夏　あっ、⑧姐奴と⑨対蘇は九州自動車道で、⑫華奴蘇奴から⑰躬臣まで大分自動車道沿線だわ。しかも、インターチェンジやサービスエリア付近に都（中心）があったと思われるものが多いわね。甘木インターチェンジのそばが平塚川添遺跡で、山田サービスエリアは志波からそう離れてはいないわ。杷木インターチェンジ近くには西ノ迫遺跡、日田インターチェンジには小迫辻原遺跡が近接してるわ。それに玖珠サービスエリアは遺跡の真っただ中に位置しているうえ白岩遺跡にも近いわ。当時の国の中心地と現代の高速道路出入り口の立地条件は酷似しているのだわ。おもしろいわね。

智彦　⑱巴利は〔はり〕と読みます。

翔　大分県のことは下調べしてきたよ。巴利は別府市の南部丘陵地帯で原、原町の地名があるよ。

智彦　〔はり〕は開墾地の墾のことかな。播磨《はりま》や今治《いまばり》、尾張《おわり》、小墾田《おはりだ》などの〔はり〕と同じような気がするよ。

日夏　このあたりの遺跡のことはよくわからないわ。

智彦　⑲支惟は〔きい〕と読みます。

翔　〔きい〕は大分市だよ。ちょっと詳しい場所まではわからないが、大分川の河口から海に沿って東と西に丘陵が伸びているんだ。その内陸側にあったと思うよ。

智彦　翔に賛成だよ。〔き〕は切り取ったように高くなった丘陵のことなんだ。単独で〔き〕ではすわりが悪いので〔きい〕というようになったんだ。紀国《きのくに》（和歌山）を紀伊というのと同じだよ。そして長く続く丘陵を段《きだ》といい、〔きい〕の国は大段《おおきだ》とも呼ばれていたんだ。大段が大分の語源だよ。キの子音が抜け落ちてイに変化するのは珍しいことではないんだ。垣間見る〔かきまみる→かいまみる〕、埼玉〔さきたま→さいたま〕、幸い〔さきわい→さいわい〕、刃〔やきば→やいば〕、一日〔つきたち→ついたち〕などの例があるよ。

日夏　大分川の両岸にはたくさんの遺跡があるわ。右岸下流域の下郡《しもごおり》遺跡や守岡《もりおか》遺跡などが時代に合っているのかな。大分の遺跡からはちょっと気になるくらい多くの鏡片が出てるのよ。守岡遺跡からは内行花文鏡片と獣帯鏡《じゅうたいきょう》片が、雄城台《おぎのだい》遺跡からも内行花文鏡片と方格規矩鏡《ほうかくきくきょう》片、尼ヶ城遺跡も方格規矩鏡片が出ているわ。

智彦 ⑳烏奴は〔うぅの〕と読みます。

翔 豊後大野市大野町だよ。

日夏 大野町大原地区の二本木遺跡では内行花文鏡片、松木遺跡からは方格規矩鏡片が出ているわ。

智彦 ㉑奴は〔の〕です。不弥国の手前の奴国と同じ読みです。

翔 臼杵市野津町だよ。

日夏 野津町の原遺跡からは方格規矩鏡片が出ているわ。この付近には遺跡がたくさんあって豊後大野市犬飼《いぬかい》や千歳《ちとせ》にかけてひろがっているの。犬飼の高松遺跡から内行花文鏡片、方格規矩鏡片が、舞田原《まいたばる》遺跡からは獣帯鏡片が出ているわ。千歳にも鹿道《ろくどう》原《ばる》、高添《たかぞえ》遺跡があって高添遺跡からは方格規矩鏡片が出ているの。大分県にあった国々は鏡によって結びついていたことを強く匂わせているわ。

翔 鏡といってもどれもこれも欠片《かけら》だろ。割れて打ち捨てられていたんじゃないの。

日夏 そうではないのよ。尼ヶ城（大分）、二本木（大野）、高添（千歳）遺跡から出た鏡片には二つの小さな穴が開けられていたのよ。きっとペンダントのように首にかけていたんだわ。鏡片は割れたのではなく、割って近くの国々に配分したもののような気がするわ。欠片であっても大切に扱われていたのよ。大分では、あまりに鏡片が出てくるので鏡のこともちょっと調べてみたの。鏡が作られた時期や場所、成分などについての研究はたくさんあったわ。また、同じ型から作られた鏡を同笵鏡《どうはんきょう》といって、その分布についても研究されていたわ。たとえば京都大塚山古墳から出たある鏡は大分の赤塚古墳、福岡の原口古墳や石塚山古墳から出たものと同じだとかね。でも鏡片の方は軽んじられいるのか、比較研究は進んでいないみたいよ。わたしには鏡片の研究の方がより大切だと思われるのにね。

翔　そりゃあ、欠片より完全な形のものの方が魅力があるよな。まして同じ文様《もんよう》のものが遠く離れたところで見つかるとなると、注目されるのも無理ないよ。

日夏　同笵鏡から国々のつながりを考えるのも大事だとは思うわよ。鏡を分け与えた方が中央の支配者で、もらった方が地方の支配者だとか考えられるものね。でもそこには落とし穴があるような気がするの。完全な形の鏡は商品であったかもしれないのよ。ちょうど交易ルートに乗って運ばれてきて買われた鏡が古墳に残されただけということもあり得るわ。それに比べると鏡片は「この鏡しかない」という霊力ある大切な鏡を割って配ったものだけに、比較研究すれば親子や兄弟姉妹など近親者の国々のつながりがわかるかもしれないのよ。特に大分の鏡片はどれも中国で作られたもので、日本製ではないの。卑弥呼がもらった百枚の銅鏡のひとつという可能性もあるのよ。

翔 恐れ入りました。日夏は目の付けどころがちがうね。

日夏 鏡片に穴が二つ開いていたものね。さあこれで連合国を終わるわね。

智彦 やったね。二十一の連合国すべての位置がわかっちゃったよ。しかも翔がはじめにイメージしたとおりだよ。ところで、さっき出てきた三種類の鏡はどのようなものなの。

日夏 三種類の鏡は背面の文様によって、その名がつけられたの。内行花文鏡は同心円を主にしていて内側の円周を八つに区切った円弧《えんこ》を花びらとみて、その花びらが中心を向いているので内行花文鏡というのよ。方格規矩鏡の方格は中央を正方形で囲っていることからで、規矩は正方形のまわりにコンパスや定規を使った文様を配しているこことから付いた名よ。TやL、Vといった文字のような文様と青竜、白虎、朱雀、玄武の四神が描かれているわ。獣帯鏡は同心円で、四神と瑞獣《ずいじゅう》を描いているものよ。内行花文鏡は前漢から後漢にかけて作られたようよ。方格規矩鏡は前漢と後漢のあいだの新《しん》の時代から後漢にかけて、獣帯鏡も新のときに作られ始めたものなの。作られた時代で分類すると、三種とも漢式鏡といったらいいのかな。

智彦　ありがとう、ちょっと鏡のことがわかったよ。今度、歴史資料館などで鏡を見るのが楽しみになったよ。

日夏　倭人伝はこのあと狗奴国のことについてね。投馬国が鹿児島として、太宰府と鹿児島のあいだにおさまることができる大国となると、その都は熊本のような気がするわ。来週も楽しみね。

第三章　あざなえる三つの大国

狗奴国は熊本に

六月十八日　わたぎしの会　第六回

智彦　では狗奴国に入ります。狗奴は〔くの〕と読みます。読み見下し文は次のとおりです。

その南に狗奴国があって男子を王としている、その官に狗古智卑狗がいる、女王に属していない、郡より女王国まで一万二千余里だ、（中略）道里を計ると会稽にあたり、東治の東に在る

日夏 わかっていることを先にいっておくわね。ここで再び女王国までの距離が出てくるため、これ以降の数節は女王国について書かれたとみる人がいるの。でもここは一万二千余里離れた女王国のその南に狗奴国があるといっているのであって、このあとに続く風習などのことは狗奴国についてのものよ。そして、女王国まで一万二千余里とあることで、投馬国が女王国の手前の国ではないことがここで確認できるの。仮に投馬国までの水行二十日二万余里を不弥国までの一万七百余里に加えると女王国は三万余里になってしまうものね。また、倭人伝の「当在会稽東治之東」をほとんどの邪馬台国本が「会稽東治の東」としているの。むかし、会稽郡に東治県があったことからで、それだと狗奴国も沖縄の東の海の中になってしまうわ。やはり陳寿に誤字はないとして、東治ではなく東治で考えるべきよ。

智彦 道里を計るというのは魏の都があった洛陽《らくよう》からの距離をいっているんだよね。それならこう読めるよ。「狗奴国は洛陽から会稽までの距離を東治から東に行ったところにある」、会稽と東治は別の場所だよ。「治」と「治」、つくりは同じ「台」でも、字ができたときの意味は全然別のものだよ。「治」の「台」は上が農具（すき、くわ）の形、下が祝詞を入れる祭器で農産物の育成を祈る儀式のことなんだ。そして

「治」は河川を改修するときの祭事を意味しているんだよ。なかまの字は「胎」、「怠」、「始」などで〔たい、し、じ〕などと読むんだ。「冶」にある「台」は下が金属を融かす釜、上がわきあがる蒸気で金属を鋳《い》ることだよ。なかまの字は「怡」〔い〕、「飴」〔い〕などで、「怡」は「かたまった心を融かしてよろこばせる」、「飴」は「やわらかくねばねばにした食べ物」のことだよ。だから「治」を、字源の異なる「冶」に書き換えてはいけないんだよ。東治は東冶とは別の場所で、東冶がどこにあったのかわかれば狗奴国の位置もわかるのにね。

翔 そんなの簡単、簡単オレにまかせてよ。

日夏 あっ、また逆算すればいいというんでしょ、狗奴国の位置がわかってないのにできるわけないじゃない。

翔 日夏が自分でいっていたじゃないか。狗奴国は熊本じゃないかって。自分の勘を信じろよ。地図帳の洛陽から会稽（いまの紹興）までを定規で測って、熊本市から西に伸ばせばいいんだよ。ほら、ちゃんとあるじゃないか。

日夏 ええっ、信じられないわ、そんなのあり。

翔 うん、東台《トンタイ》市というのがあるよ。「治」のさんずいがどこかにいって「台」になってるもののね。

日夏　それでも驚きよ。

智彦　まさに「簡単の夢」だね。

日夏　それは「邯鄲《かんたん》の夢」。高揚《こうよう》した気持ちが一瞬にして砕《くだ》け散ってしまったわ。それはさておき、東台市とはどんなところなのか、地名辞典を開いてみるわね。……「江《こう》蘇《そ》省、人口百数十万、沿海漁業、産塩、交通の要衝」か。昔、東治だったかどうかは不明ね。でも、地図では東台市からぴったり東に熊本市があるのね。狗奴国の都は熊本で当たっていたのかな。まだ、半信半疑よ。

翔　東台市は北緯三二度五一分で、熊本市は三二度四八分だよ。直線距離で九〇〇キロメートル以上離れていることを考えると「誤差なし」といえるね。倭人伝の方角についての記述はまちがいが多いどころか、驚くほどに、いや恐るべき正確さをもっていたことになるよ。

日夏　こんなに正確に方角がわかるというのに、末盧国から伊都国に向ったときに東を東南としてしまったのはどうしてなのかしら。

翔　それについてはわかるような気がするよ。魏は倭人の国々の位置をかなり正確につ

■東治と狗奴国

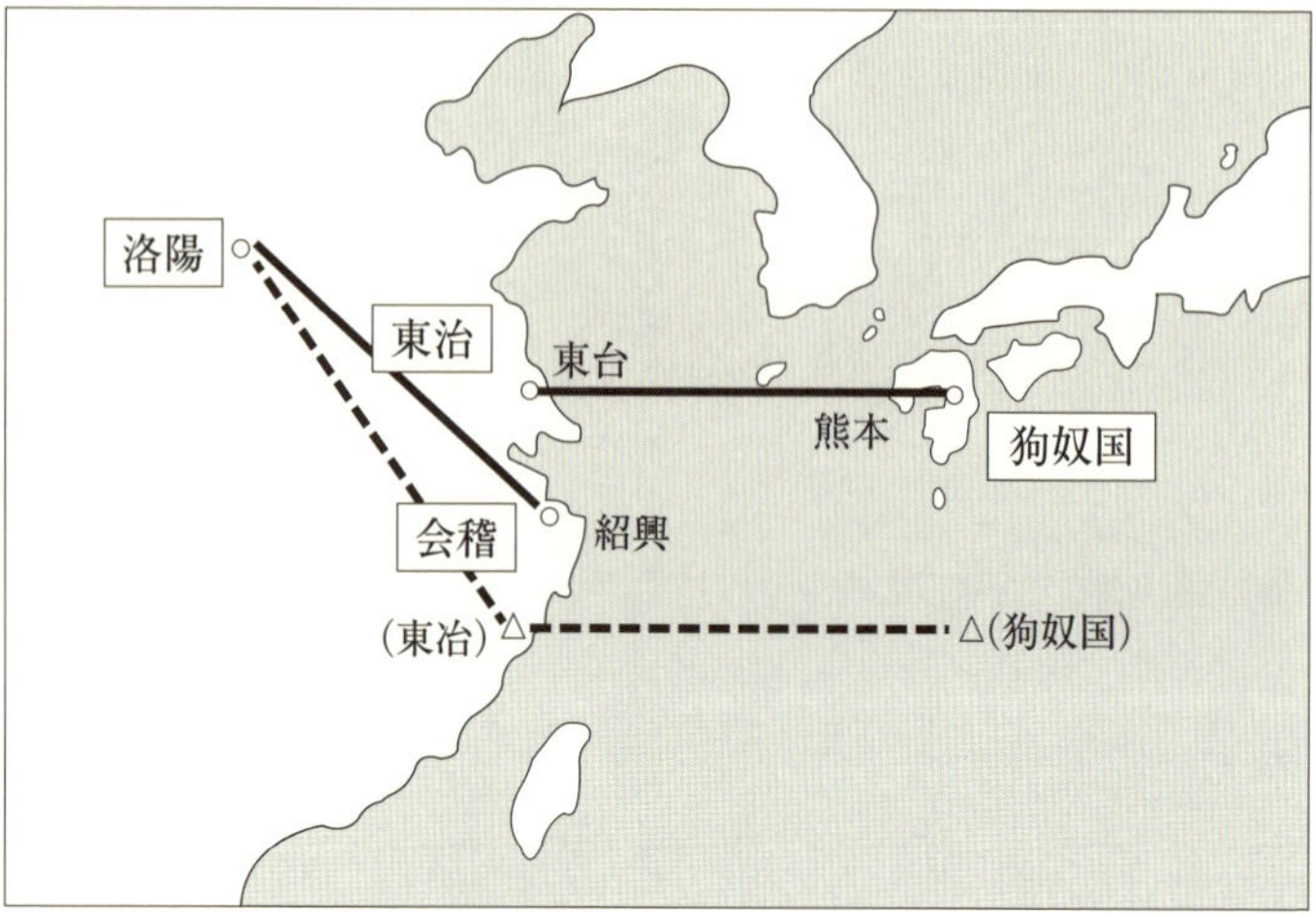

日夏　かんでいたんだ。不弥国の南に投馬国があることや、東治の東に狗奴国があることをね。ところが陳寿が倭人伝の道程を書くときは実際に邪馬台国まで行った使節の報告をもとにしたんだ。いいかい、使節は末盧国を出発して、最初は真っすぐ南へ向ったよね。そのあと少し東、少し北のあとはずっと東北東なんだ。この東北東の区間が長いので、末盧国から伊都国をみるとほぼ東になってしまうんだ。でも、歩いた本人とすれば南に行き、次は東に行った感覚なんだよ。そのために東南となってしまったのさ。

わかる、わかる、歩いていたらそうい

智彦　うことはよくあるわ。話を戻して東台市が東治だったとみていいわね。

日夏　治と台は神事に関するなかまの字だよ。町の名の変更があったのかもしれないよ。名が変わったために「東治」は忘れ去られてしまい、「会稽の東治」がまちがって歴史に登場してきたんだよ。

智彦　智彦、続けて一言いいたいことがあるんじゃない。遠慮しなくていいわよ。

翔　待たれるといいにくいよう。

日夏　これだけはオレにもわかったね。じゃ、代わりに「会稽の恥」。

　あらっ、今日はもっと時間がかかると思っていたのに、あっというまに狗奴国に行き着いちゃったわね。それでは、狗奴国の輪郭《りんかく》を考えてみることにしましょうか。特に連合国との接点がどうなっていたか興味があるわ。

翔　それは、連合国のイメージのときいったとおり、久留米あたりから筑後川の南岸を東へと伸びていたと思うよ。筑後川上流の玖珠までは続いていたんじゃないかな。筑後川より南の八女《やめ》や菊池、阿蘇は狗奴国の要所だったんだよ。阿蘇から北東へは大分県竹田市まで、南東へは宮崎県高千穂《たかちほ》町までは勢力範囲にあったと考えるよ。連合国とちがって狗奴国はひとりの王でこのように大きな国なのだから狗奴帝国といった感じだね。

智彦　その考えに賛成。ボクの先祖かもしれない狗古智卑狗《くくちひこ》は菊池を本拠地とする狗奴国の将軍だったんだ。菊池が狗奴国の一大拠点で大きな兵力があったから、狗古智卑狗は連合国を攻める遠征軍の将になれたんだよ。それに狗奴国と連合国との境界線が筑後川というのは、別の観点から見ても合っていると思うんだ。前にいったことがあるようにボクは古墳めぐりが好きで、特に装飾古墳はあちこち見てまわったよ。その装飾古墳があった場所のほとんどが狗奴国の勢力範囲に重なるのでびっくりしているくらいだよ。装飾古墳は邪馬台国の時代より約三百年あとのものなんだ。でも、狗奴国の人がつくったと考えたらぴったりだよ。もちろん、連合国があった場所にも装飾古墳はつくられているけれど、その数は多くなくて、狗奴国の一部の人が移り住んでつくったと考えたらいいのかな。連合国との境界と考える筑後川の南岸にはずらりと装飾古墳が並んでいるよ。筑紫平野ばかりでなく日田のガランドヤ古墳も穴観音古墳も玖珠の鬼塚古墳もそうなんだ。それなのに北岸にはちっともないんだ。

日夏　そうよね、北岸は弥生時代の遺跡ばかりね。日田でも甕棺墓《かめかんぼ》があるのは北側だけだわ。筑後川の南側では逆に弥生時代の遺跡はめだたないわ。甕棺墓なんてほとんどないもの。川を挟んだだけなのに両岸で全くちがう様相をみせているのはなぜかしら。

翔　それも簡単だよ、はっきりしているじゃない。倭人伝よりあとの時代になって、狗奴国が邪馬台国や筑後川北岸の連合国を攻め滅ぼしたのさ。生き残った連合国の支配層はよそへ逃げ出してしまったので北岸の国々はそれ以後の発展がなく、弥生時代のままの遺跡が残ってしまったんだよ。それに対して南岸ではそれから発展を続けたので、弥生時代がかすんで古墳時代のものばかりが残ったのさ。

日夏　それでかあ。小迫辻原遺跡（日田北部）には弥生時代末期の豪族居館跡があるの。その豪族（首長）にみあう墓が見つかっていないの。きっと、戦死したか逃げ出して自分の国の内に墓をつくれなかったのね。うがちすぎかもしれないけれど、守岡（大分）、二本木（大野）、鹿道原（千歳）などの遺跡に火災住居跡が残っているのも狗奴国の攻撃を受けたからと考えられないこともないわ。

翔　連合国が大分自動車道沿線だったのに対して、筑後川南岸の狗奴国はＪＲ久大線に沿っていたようだね。線路沿いに古墳が続いているよ。

智彦　連合国と狗奴国の位置関係がよくわかったよ。ここで、倭人伝の国の数と位置を再確認しておこうよ。連合国は二十五になるよね。伊都国と奴国、不弥国、邪馬台国の四カ国に二十一を足したものだよ。位置は糸島市から大分市までで、九州を東西につらなっていた。その南には狗奴国があって、さらにずっと南が投馬国だね。対海、一大、末盧の三国までを全部足すと三十で、「使訳通ずる所三十」にちょうど合うわけだよ。

日夏　邪馬台国は日本を統一していたのではなくて、九州の一部を支配していたにすぎなかったのね。倭人伝には出てこないものの、九州にはもっと国があったはずよね。福岡県北部、大分県北部に長崎県、佐賀県、宮崎県の国々が抜けているわ。倭人伝に「かつて倭人の国は百余国」と書かれていたわね。これら抜けている地域の国々を合わせると百くらいになるんじゃないかしら。

智彦　うん、倭人伝をもとに考えるとちょうど百くらいになりそうで、それはそれで納得できるよ。でも、どうもひっかかるんだよね。

日夏　何が、気になるのよ。

智彦　吉野ヶ里《よしのがり》だよ。前に吉野ヶ里にも行ったことがあるんだ。あれだけ発展していた国

翔　が倭人伝から抜けているのはおかしいよ。

智彦　答えは簡単だよ、魏との国交がなかっただけさ。

日夏　そういっちゃえば、おしまいだけれど、吉野ヶ里ってなんだか中国的な雰囲気が感じられるんだよ。それなのに魏との交流がなかったとは思えないんだよ。

日夏　では、来週は吉野ヶ里について、それぞれが調べ考えてくるというのはどう。倭人伝からは脱線しても、邪馬台国を論じるうえでは必要なことかもしれないわ。だって、筑後川を挟んで連合国と狗奴国が争っているときに、そのすぐ西側にあった国なんですもの、避けて通れないわよ。

謎の王国　吉野ヶ里

六月二十五日　わたぎしの会　第七回

日夏　吉野ヶ里についての本を読んでみて、わたしも智彦と同じように中国と密接な関係があったような印象を受けたわ。出てきた人骨は弥生人より背が高かったようだし、出土したガラス玉や絹の製作技術も中国のものに近いのよ。もっとも、その絹は中国ではなく朝鮮半島系の蚕《かいこ》からつくったものらしいけれどね。

智彦　だよね。吉野ヶ里には中国系の技術者がたくさん入っていたんだよ。なのに倭人伝が吉野ヶ里を無視したのは何故だろう。

翔　この前もいったけど、魏との国交がなかっただけさ。つまり、吉野ヶ里国は魏に朝貢しなかったの。二人とも不服そうな顔をしてるね。じゃあいい直すよ、吉野ヶ里国は朝貢する立場になかったんだよ。

日夏　それはどういう意味。

翔　吉野ヶ里の支配層は中国からの脱出者の子孫だったのさ。それゆえに、いくら年月を経たとしても朝貢するなどは考えもしなかったんだよ。もとが中国人なので弥生人に比べて背も高かったし、ガラス玉や絹織物だけでなく、さまざまな分野において高度な知識と技術を持っていたのさ。稲作や甕棺作製技術もそうだろうね。

日夏　そのころ、中国から逃げてこなければならないような人がいたと考えるの。

翔　うん、邪馬台国をさかのぼる、二つの時期が考えられるよ。まず、秦《しん》の始皇帝《しこうてい》のとき、紀元前二一〇年頃の徐福の渡来だよ。徐福は伝説にすぎないとする人も多いよね。でも、吉野ヶ里の近くに徐福伝説がたくさんあるのは無視できないよ。徐福本人でなかったとしても秦の圧政から逃れてきた人々がいたかもしれないしね。二つめは前漢のとき、紀元前一五四年にあった呉楚《ごそ》七国の乱で敗れた人たちだね。敗れた呉、楚、趙《ちょう》などの七国はみな漢より東側にあって海側なんだよ。中国から脱出した人がいたとしてもおかしくはないよ。

日夏　すごーい、そのようなことを一週間で考えてくるなんて思いもよらなかったわ。

翔　考えたのは一瞬だよ。あとは徐福伝説を読んだのと、邪馬台国の時代より前に中国国内で大きな戦がなかったかどうかを調べただけだよ。ついでに吉野ヶ里国のひろがりについても想像してみたよ。前にもいったように、連合国が伊都国より西側に進出しなかったのはそこに連合国に匹敵する力を持った国があったからなんだよ。それが仮称、吉野ヶ里王国で、その北端が伊万里だったとみてるんだ。吉野ヶ里王国は伊万里から武雄《たけお》、多久《たく》、佐賀、神埼《かんざき》郡へと伸びた大きな国だったのさ。ただし、そのすべての地域を中国出身者が完全に支配していたのではなく、その人たちに従った倭人がそれぞれの小国を治めていたと思うね。連合王国といったらいいのかな。吉野ヶ里で鏡が話題にならないのは中国的な考えの人が支配者で、祭祀に鏡を使用しなかったからだよ。それなのに、吉野ヶ里の周辺部で鏡が出土するのは支配する倭人がその祭祀儀礼や風習を完全な中国式に変えてしまわなかったからだよ。そして吉野ヶ里王国は連合国とはちがうルートで朝鮮半島と交流していたんだよ。伊万里から的山《あづち》大島、対馬と渡っていたと思うよ。壱岐は連合国の目が光っているから寄りにくいんだ。対馬でも東の対海国側ではなく西側を回ったものとみるよ。倭人伝に出てこない国々を経由したんだ。吉野ヶ里王国にしても直接、中国とは行き来しなくても、最新の文化や技術は欲しいので半島との交流は欠かせなかったと思うんだ。

日夏　そこで半島系の蚕がつながってくるのか。とってもおもしろかったわ。わたしは信じるわ。ところで吉野ヶ里は連合国にも狗奴国にも近いのよね。近接したこの三勢力はどうからみ合っていたのかしら。

翔　伊都から対蘇までの連合国は脊振《せふり》山地で吉野ヶ里王国と背中合わせになっていたわけだよね。この二つの勢力は比較的友好的な関係にあったとみるよ。それで連合国は吉野ヶ里王国から稲作などの技術者を招聘《しょうへい》したんだよ。福岡空港周辺の遺跡に甕棺が多いのは稲作技術とともに甕棺作製方法が伝わったからだよ。この二勢力と狗奴国は対立していたと思うね。狗奴国が一方的に攻め込む方だったろうね。これにも二つの理由があるんだ。一つは狗奴国にとって現状では朝鮮半島へのルートが「すべて水行」になってしまうことだね。有明海《ありあけ》から天草《あまくさ》を抜ける海路は相当大回りになってしまうよね。ところが、筑後川を越えれば博多湾までは近いんだ。直線距離なら三〇キロメートルもないよ。その陸行ルートが欲しかったのさ。二つめは稲をはじめ、高い技術で生産された農作物を手に入れたかったんだよ。狗奴国側の大川市、柳川市あたりは当時、筑後川河口の島々で平野部は少なくて食料生産が十分ではなかったんだ。三勢力の接点は久留米市西北の筑後川が大きく蛇行したあたりで、狗奴国側はいま長門石町となっているところだね。現在は川の流れが変わってしまって、蛇行《だこう》していたようにはみえないものの、福岡県と佐賀県の県境となっているのでわかるよ。

日夏 佐賀県側なら千栗《ちりく》八幡宮のあたりね。

翔 そうだね、狗奴国は三勢力とは川を境にし、連合国と吉野ヶ里王国は山が境になっていたんだ。鳥栖市とみやき町の境界になっている山だよ。千栗八幡宮は境になっている山のちょうど裾《すそ》にあたるね。

日夏 争いがないようにと国の境に神社を建てたのかしら。それとも、ここから内側に敵が入ってこないように建てたと考えた方がいいかしら。神社西側の白壁地区の検見《けんみ》谷《だに》遺跡には十二口の銅矛が埋められていたの。住居跡ではないから、これも敵が入り込まないための祭祀跡かもしれないわね。それにしても〔ちりく〕と読むのはへんね。もとは〔ちくり〕だったものが〔ちりく〕に入れ替わったとされているのね。伝説では逆さにした千個の栗が一夜にして生い茂ったので〔くり〕を逆さに読むのだとか。

智彦　もとから〔ちりく〕だったのではないかな。〔ちり〕にはふぞろいで、でこぼこになっているという意味もあるんだ。愛知県に知立《ちりゆう》市があって昔は池鯉鮒《ちりふ》と書いていたんだ。ここも川が蛇行しているところで知立神社が建っているよ。千栗の字はあとであてたものだよ。今日のボクの出番はこれだけだね。

日夏　狗奴国は吉野ヶ里王国と対立していたので技術者を呼べなかったのね。それで大型の甕棺墓が少ないわけか。ところで、来週も脱線していいかなあ。天気がよかったら高良《こうら》山に登ってみない。狗奴国側から筑紫平野をながめてみたいのよ。

智彦　賛成、高良山の手前に祇園山古墳があるんだ。一度行ってみたいと思っていたんだよ。それに高良山はボクの先祖に関わりがあるんだ。南北朝のとき南朝方についた菊池一族が城を築いて、筑後川を挟んで太宰府の北朝方と戦ったんだ。「筑後川の戦い」とか「大保原の戦い」と呼ばれているものだよ。このとき菊池武光という人が血に塗《まみ》れた太刀を洗ったことから大刀洗の地名が生まれたとされているんだ。歴史は繰り返すというけれど、連合国と狗奴国の争いに似ているね。

高良山に登って

七月二日　わたぎしの会　第八回

智彦　ふぅー、やっとついた。梅雨の中休みで晴れたのはよかったものの、ちょっと暑かったね。

翔　おぉ、ながめがいいじゃないか。

日夏　こっちよ翔、高良大社におまいりしてからね。

智彦　本当にながめがいいねえ。筑紫平野全体を見わたすことができるなんて思ってなかったよ。

翔　ここは耳納《みのう》山地の西側にあって、ちょっと平野部に突き出した地形なので視界が広いんだ。

智彦　ここからなら連合国も吉野ヶ里も丸見えだよね。狗奴国からすれば最高の見張り台で、相手にとっては、いやな山だったろうね。

日夏　そうよ、ここまで来たのはそのことを実際に目で確認したかったからなのよ。連合国や吉野ヶ里王国に何か変化があれば一目瞭然よね。たとえば邪馬台国で軍隊を編成して筑後川までやってきたときには狗奴国ではすでに迎撃態勢ができあがっているのよ。逆に狗奴国が八女方面で兵を整えたとしても連合国にも吉野ヶ里王国もわからないの。それが突然、高良山のふもとから出撃し、川を渡ってしまえば迎える方は後手後手になってしまうわ。筑紫平野における戦闘では狗奴国が断然有利だったわけよ。先週、智彦がいった筑後川の戦いでも、高良山に陣を敷いた南朝方が勝利をおさめたのよね。「吉野ヶ里から邪馬台国が見える」という話もあったようだけれど、狗奴国からは実際に見えていたのね。智彦の先祖の狗古智卑狗が菊池から出てきて、ここで戦闘指示を出していたかもよ。

智彦　うん、何だかそのような気がしてきたよ。祇園山古墳にも行けてボクは満足だよ。

翔　オレも満足だよ。小旅行ができて景色も楽しんで、あとは久留米ラーメン食べるだけだな。

日夏　来週は倭人伝に戻るわ。卑弥呼が登場するところまでね。

第四章　卑弥呼は殺されたのか

七月九日　わたぎしの会　第九回

卑弥呼の政

智彦　国々の位置に関係するものと、卑弥呼のことを抜き出したものだよ。

国々に市があり、有るもの無いものを交易す、大倭に之を監せしむ、女王国より以北には特に一大率を置き諸国を検察す、諸国これを畏《おそ》れ憚《はばか》る、常に伊都国に治す（中略）

その国、もとは男子を以って王とし、住《とど》まること七、八十年倭国乱れ相い攻

伐することを歴年、そのため共に一女子を立てて王とする、名付けて卑弥呼と曰う（中略）

女王国の東に海を渡ると千余里にしてまた国がある、皆倭種だ

となっているよ。

日夏　このあと、景初二年（二三八年）六月から正始六年（二四五年）までに数度の使節往来があって、その間に卑弥呼は「親魏倭王」の金印や百枚の銅鏡などを賜《たま》わった

まずは「大倭」ね。突然出てくるもので何のことかわかっていないの。倭人の大人《たいじん》説や魏の官吏《かんり》、大和朝廷から派遣された官吏説などがあるわ。わたしは人ではなくて国を指しているのではないかと思うの。

翔　何を監察するのかを考えたら少し見えてくるかな。監察の目的は「密貿易品はないか、不公正な取引はないか」といったものだろ。統一された監察項目も必要だし、諸国に派遣する人員も要するので、かなり大きな力を持っていたと考えられるよ。

智彦　各国がそれぞれ任命できるような「大人」ではないね。やっぱり国の規模だよ。ことばからも、しぼれるよ。「監せしむ」だから邪馬台国自身ではないよね。魏や

大和朝廷など、他国の官吏にも使わないと思うよ。連合国の中の一国だよ、どの国かが別名を持っていたんだよ。

日夏　ではどのような国ならその役目につくことができたかしら。二十五もの国が従うのだからある程度大きな国よね。それに公正さに信用がある国でなくてはね。

翔　これはオレの勘なんだけど大分の支惟国はどうだろう。大分県内の連合国のなかでは一番大きな国だったと考えるんだ。大きいという根拠は県庁所在地だからさ。そんなバカなと思うかもしれないが、いままで出てきた国々で考えてみろよ。投馬国は鹿児島市、狗奴国は熊本市で、吉野ヶ里は佐賀市に近いだろ、そして福岡市にはたくさんの国があったんだよ。支惟国は大分県側の拠点国だったにちがいないよ。県庁があるところは町ができるには、昔からその地域で一番適したところなんだよ。では次になぜ支惟国が選ばれたかだね。それは連合国のなかでは東側にあって交易に不利な位置にあったからだよ。朝鮮半島から渡って来た貴重な品々が途中で交換されてしまい、大分に着いたときには残り物しかないようなことにならないよう配慮されていたんだよ。

日夏　大倭が何かわからないために「正解」といえないのが悔しいくらいよ、わたしは十分納得したわ。

翔　支惟国を大倭と呼んだ理由も考えてあるが、混乱を招くこと必至だからここではいわないよ。

日夏　次は、「一大率」についてね。連合国内を査察するために女王が設置したと考える人が多いの。なかには魏が置いたという人もいるわ。でもわたしたちの考え方で進めると連合国内を対象にした機関ではないことになるわね。連合国内のことは大倭が監察して、連合国以外について一大率がその任を負ったのよ。一大率は中国のことばではなくて、一大つまり壱岐の石田国を主に査察するので付いた名なのよ。もちろん対馬の国々も査察の対象となっていたでしょうけれど。「率」だけが中国から仕入れたことばだと思うわ。「常に伊都国に治す」というのも連合国のなかで伊都国が壱岐、対馬に一番近かったからよ。

智彦　その目的は何だろう。

翔　密貿易の取り締まりだね。「親魏倭王」の金印をもらった女王卑弥呼は、連合国だけでなく倭国の代表者として、魏や朝鮮半島などとの国際間の交易を独占していたんだ。ただし、吉野ヶ里王国が的山大島から対馬へ渡ったり、宗像方面の国が沖ノ島経由で対馬へ渡ることまでは阻止《そし》できなかったろうけどね。それでも、一大国や対海国までが勝手な交易を始めることを避けようとするのは当然だよね。特に倭国のどこからも中継地としやすい壱岐島は絶対に押さえておかねばならない場所だよ。それで一大率の名が付いたんだよ。

智彦　「伊都国に治す」は伊都国自身が一大率を担当することではなくて、伊都国にその役所を置いたことを意味しているんだよね。となると一大率はいわば駐留部隊で編成されていたことになるよね。

翔　そうだね、早舟を繰り出せるような海人で、博多湾岸諸国選《え》りすぐりの精鋭部隊だったと思うよ。

日夏　次は卑弥呼ね。「倭国乱れ相い攻伐すること歴年」とは連合国と狗奴国との争いの意味ではなくて、連合する前の話だわね。

智彦　「名付けて卑弥呼と曰う」とあるから卑弥呼は本名ではないよね。日を読む能力を持った巫女《みこ》に付けられた名前と理解しておいたらいいのかな。

日夏　「女王国の東に海を渡ると千余里にしてまた国がある、皆倭種だ」についてはどう思う？

翔　ここでいう女王国は邪馬台国そのものではなく女王連合国を指しているんだ。その連合国の東端から海路で東千余里のところにまた国があるが、ここも倭人が住んでいるという意味だね。

日夏　連合国を北九州付近と考えている人は、この倭人の国は関門海峡を渡った本州（山口以東）のこととみているわ。

翔　しかし、連合国の東端は支惟国（大分）だから、その東海の国は当然四国だよ。宇《う》和《わ》、阿《あ》波《わ》などはいかにも倭人の国名のようだよ。

日夏　今日も順調だったわね。来週で倭人伝は終わりになりそうよ。卑弥呼の死と女王壹與についてね。

卑弥呼の死

七月十六日　わたぎしの会　第十回

智彦　卑弥呼の死についての、倭人伝読み下し文だよ。

その八年、大守の王頎《おうき》官に到る、倭の女王卑弥呼、狗奴国の男王卑弥弓呼もとより不和、(女王は)倭の載斯烏越《さいしうえつ》等を遣わし郡に詣り、相攻撃の状を説く、(郡は)塞曹掾史《さいそうえんし》張政等を遣わし、詔書《しょうしょ》と黄幢《こうとう》とを難升米に拝仮させ檄をなして告喩《こくゆ》す、

卑弥呼以って死す、大いなる塚を作る、径百余歩

そして、倭人伝の最後は女王壹與についてだね。

更に男王を立てるも国中服せず、更に相誅殺す、時に当たりて千余人を殺す、また、卑弥呼の宗女壹與年十三を立てて王とし、国中遂に定まる、政等は檄を以って壹與に告喩す

日夏　卑弥呼の死については倭人伝では「為檄告喩之卑弥呼以死大作塚」となっていて、告喩を受けて死んだとするほかに「死を以って塚を作る」と読み下す説もあるわ。でも、その場合はいつ何で死んだかに触れるはずよ。だから告喩による死と考えて

いいのではないかしら。ただし、告喩の内容が直接卑弥呼に死を迫るものであるはずはないのでちょっと悩んでいるところよ。卑弥呼がいつ死んだかについては前に出てきた『北史』に「正始中卑弥呼死」となっていることからある程度範囲がしぼられるの。正始は十年四月に改元されているので、卑弥呼の死は王頎が太守に着任した正始八年（二四七）の後半から十年（二四九）の初めのことになるわね。

翔　オレが読んだもののなかには日蝕が起こったために死んだというのもあったよ。

日夏　わたしも読んだわ。井沢元彦という人の『逆説の日本史　古代黎明編』に「日蝕に怒った兵士に殺された」とあったわ。卑弥呼の死と日蝕は関係ないとする人も多いのよ。でも、日蝕が二四八年九月五日で、北史から考えられる卑弥呼の死の時期のちょうど真ん中なので気になっていたところよ。

智彦　読み下し文を考えながら、ひっかかっていたのが狗奴国のことなんだ。倭人伝には卑弥呼が死んで連合国が大混乱しているときに、狗奴国が攻撃をしかけた形跡がないんだよ。絶好のチャンスだったのに連合国の混乱を黙って見ていたようなんだ。へんだなあと思っていたよ。このことと告喩と日蝕とを合わせて考えると、その理由が浮かんできたよ。何だか落語の三題噺《さんだいばなし》みたいだけれどね。卑弥呼が帯方郡の太守に遣使《けんし》したところから順にみていくよ。まず、遣使の目的は何だと思う。

日夏 それは、狗奴国の攻撃を魏の仲裁《ちゅうさい》によって止めるためよ。援軍を要請したわけではないわね。狗奴国も魏に朝貢していることがわかっていたので、魏から命じられれば狗奴国もおとなしくなると考えたのよ。

智彦 となれば、告喩の内容の一番は「狗奴国は女王国に戦をしかけてはならない」で決まりだね。でも、それだけでは狗奴国が承知しないと思うよ。それで告喩の二番目に「女王国は狗奴国の魏への使者の通行を妨《さまた》げてはならない」を加えたんだよ。これがあれば狗奴国は納得したと思うよ。そして、帯方郡の使者張政はさらにもう一文を用意していたんだ。「もし両者がこれを守らなければ、魏の天子は倭国から太陽を奪ってしまうであろう」とね。結果、どちらに利があったと思う。

日夏 それは狗奴国の方ね。魏との交易による利益は大きかったでしょう。使者が連合国のなかを堂々と通って行けるとなれば大陸との往来は断然便利で、安全なものになるわ。連合国にとっては狗奴国からの攻撃というマイナスは減ったものの、プラスになるものは何もないものね。

智彦 そうだよね。卑弥呼としては相当におもしろくなかったと思うよ。いままで、大陸との交易は独占状態だったものを、なし崩しにされたうえに狗奴国の使者が目の前を通過して行くのを指をくわえて見ていなければならないのだもの。「親魏倭王」の誇りは地に落ちたも同然だよ。卑弥呼は魏の使節の手前しばらくはがまんしていたものの、ついに「我《われ》こそ日の巫女だ（太陽のことは魏の天子よりも我が知っている）」と託宣《たくせん》して、今度は女王側から狗奴国を攻撃したんだ。そのとき皆既日蝕《かいきにっしょく》が起こったんだよ。それで、卑弥呼は自分で死を選んだんだ。そうするしかなかったよね。卑弥呼が死んで連合国内が混乱しているにもかかわらず、狗奴国が攻撃を躊《ちゅう》躇《ちょ》したのも再度の日蝕を恐れたからだよ。もちろん張政は皆既日蝕が起こることを知っていたうえで告喩の檄文《げきぶん》を作成したんだ。投馬国や狗奴国の位置を驚くほど正確につかむことができたことからも、魏は地理や天文について相当高度の水準に達していたことがわかるよね。日蝕が起こる日時も計算できていたんだよ。卑弥呼は日蝕直前に戦を決意するように誘導されたんだよ。だから直接的ではないものの、告喩によって死んだということでまちがいないよ。張政は日蝕を「起こす」ことによって、扱いがやっかいな卑弥呼を排除すると同時に、女王連合国と狗奴国の双方が共に、魏を畏《おそ》れ敬《うやま》うように一石三鳥の手を打ったんだよ。

日夏　ちょっと待ってね。日蝕の歴史を事典でみたいわ。……中国では春秋時代（紀元前七七〇〜前四〇三）には日蝕の研究が始まっていたとあるわ。卑弥呼の時代ならば、すでに千年近く研究が積み重ねられていたことになるのね。日蝕が予想できていた可能性は十分あるわね。これで卑弥呼がいつ、何で死んだのかはわかったわ。あとは径百余歩の大きな墓についてね。ここはわたしにまかせて。魏の時代の一歩は一四四・七二センチだから百余歩なら一四五メートル以上の大きなものになるわ。径で大きさが表されていることから、前方後円墳ではないわね。もし、前方後円墳であれば長さで表されたうえ、その特徴が書かれたにちがいないもの。それで仮に円墳だとして、太宰府にそのような大きな墓があるかなあと考えてみたの。頭に浮かんできたのが「月山《つきやま》」よ。

翔　えっ、月山って、あの政庁跡にある月山かい。オレたち毎日見てるよなあ。墓かもしれないと思ってながめたことはなかったよ。自然地形とばかり思っていたんだ。

日夏　智彦も月山の名は知らなくても、見たことがあるはずよ。大宰府政庁跡のすぐ東にある小山のことよ。南側の方が円形に近くて北に向ってだんだん細くなった形をしてるわ。気になったついでに、昨日ためしに測ってみたの。わたしの歩数だから正確ではないよ。南北は一五六メートルくらいで卑弥呼の墓の径に合うのよ。円形に近い南部分の東西は七〇メートルくらいかな。きれいな形の円墳ではないとしても、自然地形を利用して作った墓だとは考えられないかしら。

智彦　それはあり得るよ。月山の語源は「築山《つきやま》」ではないのかな。全くの自然の山ではなくて人為的な手が入ったことを示唆《しさ》している名だよ。

翔　すると、のちの時代になって卑弥呼の墓のとなりに大宰府政庁がつくられたということか。政庁跡にはその昔、卑弥呼の宮室が建っていたのかもしれないね。

日夏　月山はまた辰山《ときやま》とも呼ばれているの。宝亀五年（七七四）頃、漏刻台《ろうこくだい》があったと伝えられているからよ。卑弥呼が「日（時も含めて）」を司《つかさど》る女王だったことを考えると、月山は漏刻台を設置するのにとてもふさわしい場所だったといえるわ。あとは倭人伝の最後の壹與についてね。「更に男王を立てるも国中服せず」の国中は邪馬台国ではなく、連合国全体を指していると考えていいわね。「卑弥呼の宗女《そうじょ》壹與年十三を立てて王とし、国中遂に定まる」の宗女は卑弥呼と同じ一族で、かつ巫女であると解しているの。年齢が十三では若すぎるかな。でも、連合国の国民は男王の強い指導力や軍事力よりも、神に通じる力を持った女性の方を選んだということね。壹與はよく、臺與と書き換えられたうえ、〔とよ〕と読まれているの。でも、倭人伝のままの壹與が正しく、日本のことばにすれば「石依（いしよ）」ではないかしら。宝満山の巨岩では玉依姫を祭っているのだから関連する「石」、「依」の字を使った名前はあり得るわよ。卑弥呼も壹與も、玉依姫と同じ一族だったのよ。はい、これで倭人伝はおしまい。

終章　明日は倭か

智彦　ああ、もう終わちゃったのか。何だかもっと続けていたいような気持ちだよ。

日夏　でしょ。わたしも同じよ。歴史を自分で考えることがこんなにおもしろいこととは思わなかったわ。歴史大賞なんてもうどうでもいいみたい。でも応募はするけれどね。さて、もう少し続きを引き出すこととしますか。翔、この前の話に決着をつけなさいよ。支惟国を大倭と呼んだ理由についてよ。

翔　やっぱり忘れてなかった。オレのも三題噺なんだよ。大分県内の連合国を探しているときに気がついたことなんだ。⑰躬臣と⑱巴利のあいだ、つまり玖珠と別府のあいだにもうひとつ国がないとおかしいんだ。その場所は湯布院だよ。湯布院は周りを山に囲まれていて文字通り「環《わ》」の国なんだ。環濠集落の「環」よりも完璧な〔わ〕の国湯布院は「倭《わ》」と呼ばれていたにちがいないとにらんだんだ。ところが倭人伝ではその倭国が消えていて、代わりに大倭が出てくること、それに伝染病をからませてみるとひとつの話ができたんだ。あるときまで湯布院倭国はおおいに栄えていたんだが、突然海外から伝染病が入ってきてね。狭い環の国であるうえに人口が多かったことが災いして、伝染病は猖獗《しょうけつ》を極めたんだ。そのため国ごと支惟国に移転せざるを得なくなってね。支惟国はもともと同族の国だったので、征服などしなくても移ることができたんだ。伊都国やその次の奴国も⑳烏奴国、㉑奴国も湯布院倭国と同族だったと考えているよ。国の名からと、都であってもいいような遺跡が多いことから考えてね。そして湯布院から広い大分に移った倭国を中国の人が「大倭《だわ》」と呼んだんだよ。大倭は支惟国の別名というわけだよ。もともと倭国だった湯布院では人がいなくなり国の体《たい》をなさなくなって倭人伝には書かれなかったのさ。また、この悲惨な例があったために魏の使節は伊都国での十日間もの待機を承《しょう》諾《だく》することになったんだ。

日夏 それ、おもしろいわね。次の研究テーマにならないかしら。湯布院倭国《わこく》が実は倭《やまと》だったなんて……。

■参考文献一覧

藤井綏子著、吉川洋正写真『古代幻想　旅人の湯布院』海鳥社、一九八八年
水野祐著『評釈　魏志倭人伝』雄山閣、一九九三年
井沢元彦著『逆説の日本史1　古代黎明編――封印された「倭」の謎』小学館、一九九三年
大塚初重・桜井清彦・鈴木公雄編『日本古代遺跡事典』吉川弘文館、一九九五年
橘昌信著『日本の古代遺跡49　大分』保育社、一九九五年
白川静著『字通』平凡社、一九九七年
楠原佑介著『「地名学」が解いた邪馬台国』徳間書店、二〇〇二年
原田実著『ヨシノガリＮＯＷ』梓書院、二〇〇三年

田原明紀（たはら・あきのり）
1953年大分市に生まれる。大分大学
経済学部卒。趣味はソフトテニス。
大分県臼杵市在住。

わたしの魏《ぎ》志《し》倭《わ》人伝《じんでん》

■

2016年9月26日　第1刷発行

■

著　者　田原　明紀

発行者　杉本　雅子

発行所　有限会社海鳥社

〒812-0023　福岡市博多区奈良屋町13番4号

電話092（272）0120　FAX092（272）0121

http://www.kaichosha-f.co.jp

印刷・製本　有限会社九州コンピューター印刷

［定価は表紙カバーに表示］

ISBN978-4-87415-981-1